U0164539

心一堂術
數古籍珍
本叢刊

書名：蔣大鴻嫡傳天心相宅秘訣全圖 附 陽宅指南等秘書五種
系列：心一堂術數古籍珍本叢刊　堪輿類　蔣徒張仲馨三元真傳系列
第二輯　179
作者：【清】蔣大鴻原著、【清】楊臥雲、汪云吾、劉樂山批註
主編、責任編輯：陳劍聰
心一堂術數古籍珍本叢刊編校小組：陳劍聰　素聞　梁松盛　鄒偉才　虛白盧主

出版：心一堂有限公司
地址／門市：香港九龍旺角西洋菜南街五號好望角大廈一〇〇三室
電話號碼：+852-6715-0840　+852-6633-7949
網址：sunyata.cc
publish.sunyata.cc
電郵：sunyatabook@gmail.com
網上書店：http://book.sunyata.cc
網上論壇：http://bbs.sunyata.cc/
版次：二零一七年二月初版
平裝
定價：港幣　三百八十八元正
新台幣　一千四百九十八元正
國際書號：ISBN 978-988-8317-47-9
版權所有　翻印必究

香港及海外發行：香港聯合書刊物流有限公司
地址：香港新界大埔汀麗路三十六號中華商務印刷大廈三樓
電話號碼：+852-2150-2100
傳真號碼：+852-2407-3062
電郵：info@suplogistics.com.hk

台灣發行：秀威資訊科技股份有限公司
地址：台灣台北市內湖區瑞光路七十六巷六十五號一樓
電話號碼：+886-2-2796-3638
傳真號碼：+886-2-2796-1377
網絡書店：www.bodbooks.com.tw
台灣讀者服務中心：國家書店
地址：台灣台北市中山區松江路二〇九號一樓
電話號碼：+886-2-2518-0207
傳真號碼：+886-2-2518-0778
網絡書店：http://www.govbooks.com.tw/

中國大陸發行・零售：心一堂書店
深圳地址：中國深圳羅湖立新路六號東門博雅負一層零零八號
電話號碼：+86-755-8222-4934
北京地址：中國北京東城區雍和宮大街四十號
心一店淘寶網：http://sunyatacc.taobao.com

# 心一堂術數古籍珍本整理叢刊　總序

## 術數定義

術數，大概可謂以「推算（推演）、預測人（個人、群體、國家等）、事、物、自然現象、時間、空間方位等規律及氣數，並或通過種種『方術』，從而達致趨吉避凶或某種特定目的」之知識體系和方法。

## 術數類別

我國術數的內容類別，歷代不盡相同，例如《漢書・藝文志》中載，漢代術數有六類：天文、曆譜、五行、蓍龜、雜占、形法。至清代《四庫全書》，術數類則有：數學、占候、相宅相墓、占卜、命書、相書、陰陽五行、雜技術等，其他如《後漢書・方術部》、《藝文類聚・方術部》、《太平御覽・方術部》等，對於術數的分類，皆有差異。古代多把天文、曆譜、及部分數學均歸入術數類，而民間流行亦視傳統醫學作為術數的一環；此外，有些術數與宗教中的方術亦往往難以分開。現代民間則常將各種術數歸納為五大類別：命、卜、相、醫、山，通稱「五術」。

本叢刊在《四庫全書》的分類基礎上，將術數分為九大類別：占筮、星命、相術、堪輿、選擇、三式、讖諱、理數（陰陽五行）、雜術（其他）。而未收天文、曆譜、算術、宗教方術、醫學。

## 術數思想與發展——從術到學，乃至合道

我國術數是由上古的占星、卜筮、形法等術發展下來的。其中卜筮之術，是歷經夏商周三代而通過「龜卜、蓍筮」得出卜（筮）辭的一種預測（吉凶成敗）術，之後歸納並結集成書，此即現傳之《易

經》。經過春秋戰國至秦漢之際，受到當時諸子百家的影響、儒家的推崇，遂有《易傳》等的出現，原本是卜筮術書的《易經》，被提升及解讀成有包涵「天地之道（理）」之學。因此，《易・繫辭傳》曰：「易與天地準，故能彌綸天地之道。」

漢代以後，易學中的陰陽學說，與五行、九宮、干支、氣運、災變、律曆、卦氣、讖緯、天人感應說等相結合，形成易學中象數系統。而其他原與《易經》本來沒有關係的術數，如占星、形法、選擇，亦漸漸以易理（象數學說）為依歸。《四庫全書・易類小序》云：「術數之興，多在秦漢以後。要其旨，不出乎陰陽五行，生尅制化。實皆《易》之支派，傳以雜說耳。」至此，術數可謂已由「術」發展成「學」。

及至宋代，術數理論與理學中的河圖洛書、太極圖、邵雍先天之學及皇極經世等學說給合，通過術數以演繹理學中「天地中有一太極，萬物中各有一太極」（《朱子語類》）的思想。術數理論不單已發展至十分成熟，而且也從其學理中衍生一些新的方法或理論，如《梅花易數》、《河洛理數》等。

在傳統上，術數功能往往不止於僅僅作為趨吉避凶的方術，及「能彌綸天地之道」的學問，亦有其「修心養性」的功能，「與道合一」（修道）的內涵。《素問・上古天真論》：「上古之人，其知道者，法於陰陽，和於術數。」數之意義，不單是外在的算數、歷數、氣數，而是與理學中同等的「道」、「理」：心性的功能，北宋理氣家邵雍對此多有發揮：「聖人之心，是亦數也」、「萬化萬事生乎心」、「心為太極」。《觀物外篇》：「先天之學，心法也。……蓋天地萬物之理，盡在其中矣，心一而不分，則能應萬物。」反過來說，宋代的術數理論，受到當時理學、佛道及宋易影響，認為心性本質上是等同天地之太極。天地萬物氣數規律，能通過內觀自心而有所感知，即是內心也已具備有術數的推演及預測、感知能力；相傳是邵雍所創之《梅花易數》，便是在這樣的背景下誕生。

《易・文言傳》已有「積善之家，必有餘慶；積不善之家，必有餘殃」之說，至漢代流行的災變說及讖緯說，我國數千年來都認為天災，異常天象（自然現象），皆與一國或一地的施政者失德有關；下

至家族、個人之盛衰，也都與一族一人之德行修養有關。因此，我國術數中除了吉凶盛衰理數之外，人心的德行修養，也是趨吉避凶的一個關鍵因素。

## 術數與宗教、修道

在這種思想之下，我國術數不單只是附屬於巫術或宗教行為的方術，又往往是一種宗教的修煉手段：通過術數，以知陰陽，乃至合陰陽（道）。「其知道者，法於陰陽，和於術數。」例如，「奇門遁甲」術中，即分為「術奇門」與「法奇門」兩大類。「法奇門」中有大量道教中符籙、手印、存想、內煉的內容，是道教內丹外法的一種重要外法修煉體系。甚至在雷法一系的修煉上，亦大量應用了術數內容。此外，相術、堪輿術中也有修煉望氣（氣的形狀、顏色）的方法；堪輿家除了選擇陰陽宅之吉凶外，也有道教中選擇適合修道環境（法、財、侶、地中的地）的方法，以至通過堪輿術觀察天地山川陰陽之氣，亦成為領悟陰陽金丹大道的一途。

## 易學體系以外的術數與的少數民族的術數

我國術數中，也有不用或不全用易理作為其理論依據的，如揚雄的《太玄》、司馬光的《潛虛》。也有一些占卜法、雜術不屬於《易經》系統，不過對後世影響較少而已。

外來宗教及少數民族中也有不少雖受漢文化影響（如陰陽、五行、二十八宿等學說。）但仍自成系統的術數，如古代的西夏、突厥、吐魯番等占卜及星占術，藏族中有多種藏傳佛教占卜術、苯教占卜術、擇吉術、推命術、相術等；北方少數民族有薩滿教占卜術；不少少數民族如水族、白族、布朗族、佤族、彝族、苗族等，皆有占雞（卦）草卜、雞蛋卜等術，納西族的占星術、占卜術，彝族畢摩的推命術、占卜術……等等，都是屬於《易經》體系以外的術數。相對上，外國傳入的術數以及其理論，對我國術數影響更大。

## 曆法、推步術與外來術數的影響

我國的術數與曆法的關係非常緊密。早期的術數中，很多是利用星宿或星宿組合的位置（如某星在某州或某宮某度）付予某種吉凶意義，并據之以推演，例如歲星（木星）、月將（某月太陽所躔之宮次）等。不過，由於不同的古代曆法推步的誤差及歲差的問題，若干年後，其術數所用之星辰的位置，已與真實星辰的位置不一樣了；此如歲星（木星），早期的曆法及術數以十二年為一周期（以應地支），與木星真實周期十一點八六年，每幾十年便錯一宮。後來術家又設一「太歲」的假想星體來解決，是歲星運行的相反，週期亦剛好是十二年。而術數中的神煞，很多即是根據太歲的位置而定。又如六壬術中的「月將」，原是立春節氣後太陽躔娵訾之次而稱作「登明亥將」，至宋代，因歲差的關係，要到雨水節氣後太陽才躔娵訾之次，當時沈括提出了修正，但明清時六壬術中「月將」仍然沿用宋代沈括修正的起法沒有再修正。

由於以真實星象周期的推步術是非常繁複，而且古代星象推步術本身亦有不少誤差，大多數術數除依曆書保留了太陽（節氣）、太陰（月相）的簡單宮次計算外，漸漸形成根據干支、日月等的各自起例，以起出其他具有不同含義的眾多假想星象及神煞系統。唐宋以後，我國絕大部分術數都主要沿用這一系統，也出現了不少完全脫離真實星象的術數，如《子平術》、《紫微斗數》、《鐵版神數》等。後來就連一些利用真實星辰位置的術數，如《七政四餘術》及選擇法中的《天星選擇》，也已與假想星象及神煞混合而使用了。

隨着古代外國曆（推步）、術數的傳入，如唐代傳入的印度曆法及術數，元代傳入的回回曆等，其中我國占星術便吸收了印度占星術中羅睺星、計都星等而形成四餘星，又通過阿拉伯占星術而吸收了其中來自希臘、巴比倫占星術的黃道十二宮、四大（四元素）學說（地、水、火、風），並與我國傳統的二十八宿、五行說、神煞系統並存而形成《七政四餘術》。此外，一些術數中的北斗星名，不用我國傳統的星名：天樞、天璇、天璣、天權、玉衡、開陽、搖光，而是使用來自印度梵文所譯的：貪狼、巨

門、祿存、文曲，廉貞、武曲、破軍等，此明顯是受到唐代從印度傳入的曆法及占星術所影響。如星命術中的《紫微斗數》及堪輿術中的《撼龍經》等文獻中，其星皆用印度譯名。及至清初《時憲曆》，置閏之法則改用西法「定氣」。清代以後的術數，又作過不少的調整。

此外，我國相術中的面相術、手相術，唐宋之際受印度相術影響頗大，至民國初年，又通過翻譯歐西、日本的相術書籍而大量吸收歐西相術的內容，形成了現代我國坊間流行的新式相術。

## 陰陽學——術數在古代、官方管理及外國的影響

術數在古代社會中一直扮演着一個非常重要的角色，影響層面不單只是某一階層、某一職業、某一年齡的人，而是上自帝王，下至普通百姓，從出生到死亡，不論是生活上的小事如洗髮、出行等，大事如建房、入伙、出兵等，從個人、家族以至國家，從天文、氣象、地理到人事、軍事，從民俗、學術到宗教，都離不開術數的應用。我國最晚在唐代開始，已把以上術數之學，稱作陰陽（學），行術數者稱陰陽人。（敦煌文書、斯四三二七唐《師師漫語話》：「以下說陰陽人謾語話」，此說法後來傳入日本，今日本人稱行術數者為「陰陽師」）。一直到了清末，欽天監中負責陰陽術數的官員中，以及民間術數之士，仍名陰陽生。

古代政府的中欽天監（司天監），除了負責天文、曆法、輿地之外，亦精通其他如星占、選擇、堪輿等術數，除在皇室人員及朝庭中應用外，也定期頒行日書、修定術數，使民間對於天文、日曆用事吉凶及使用其他術數時，有所依從。

我國古代政府對官方及民間陰陽學及陰陽官員，從其內容、人員的選拔、培訓、認證、考核、律法監管等，都有制度。至明清兩代，其制度更為完善、嚴格。

宋代官學之中，課程中已有陰陽學及其考試的內容。（宋徽宗崇寧三年〔一一零四年〕崇寧算學令：「諸學生習……並曆算、三式、天文書。」「諸試……三式即射覆及預占三日陰陽風雨。天文即預

定一月或一季分野災祥，並以依經備草合問為通。」

金代司天臺，從民間「草澤人」（即民間習術數人士）考試選拔：「其試之制，以《宣明曆》試推步，及《婚書》、《地理新書》試合婚、安葬，並《易》筮法，六壬課、三命、五星之術。」（《金史》卷五十一・志第三十二・選舉一）

元代為進一步加強官方陰陽學對民間的影響、管理、控制及培育，除沿襲宋代、金代在司天監掌管陰陽學及中央的官學陰陽學課程之外，更在地方上增設陰陽學課程（《元史・選舉志一》：「世祖至元二十八年夏六月始置諸路陰陽學。」）地方上也設陰陽學教授員，培育及管轄地方陰陽人。（《元史・選舉志一》：「（元仁宗）延祐初，令陰陽人依儒醫例，於路、府、州設教授員，凡陰陽人皆管轄之，而上屬於太史焉。」）自此，民間的陰陽術士（陰陽人），被納入官方的管轄之下。

至明清兩代，陰陽學制度更為完善。中央欽天監掌管陰陽學，明代地方縣設陰陽學正術，各州設陰陽學典術，各縣設陰陽學訓術。陰陽人從地方陰陽學肄業或被選拔出來後，再送到欽天監考試。（《大明會典》卷二二三：「凡天下府州縣舉到陰陽人堪任正術等官者，俱從吏部送（欽天監），考中，送回選用；不中者發回原籍為民，原保官吏治罪。」）清代大致沿用明制，凡陰陽術數之流，悉歸中央欽天監及地方陰陽官員管理、培訓、認證。至今尚有「紹興府陰陽印」、「東光縣陰陽學記」等明代銅印，及某某縣某某之清代陰陽執照等傳世。

清代欽天監漏刻科對官員要求甚為嚴格。《大清會典》「國子監」規定：「凡算學之教，設肄業生。滿洲十有二人，蒙古、漢軍各六人，於各旗官學內考取。漢十有二人，於舉人、貢監生童內考取。附學生二十四人，由欽天監選送。教以天文演算法諸書，五年學業有成，舉人引見以欽天監博士用，貢監生童以天文生補用。」學生在官學肄業、貢監生肄業或考得舉人後，經過了五年對天文、算法、陰陽學的學習，其中精通陰陽術數者，會送往漏刻科。而在欽天監供職的官員，《大清會典則例》「欽天監」規定：「本監官生三年考核一次，術業精通者，保題升用。不及者，停其升轉，再加學習。如能黽

勉供職，即予開復。仍不及者，降職一等，再令學習三年，能習熟者，准予開復，仍不能者，黜退。」除定期考核以定其升用降職外，《大清律例》中對陰陽術士不準確的推斷（妄言禍福）是要治罪的。《大清律例·一七八·術七·妄言禍福》：「凡陰陽術士，不許於大小文武官員之家妄言禍福，違者杖一百。其依經推算星命卜課，不在禁限。」大小文武官員延請的陰陽術士，自然是以欽天監漏刻科官員或地方陰陽官員為主。

官方陰陽學制度也影響鄰國如朝鮮、日本、越南等地，一直到了民國時期，鄰國仍然沿用着我國的多種術數。而我國的漢族術數，在古代甚至影響遍及西夏、突厥、吐蕃、阿拉伯、印度、東南亞諸國。

## 術數研究

術數在我國古代社會雖然影響深遠，「是傳統中國理念中的一門科學，從傳統的陰陽、五行、九宮、八卦、河圖、洛書等觀念作大自然的研究。……傳統中國的天文學、數學、煉丹術等，要到上世紀中葉始受世界學者肯定。可是，術數還未受到應得的注意。術數在傳統中國科技史、思想史，文化史、社會史，甚至軍事史都有一定的影響。……更進一步了解術數，我們將更能了解中國歷史的全貌。」（何丙郁《術數、天文與醫學中國科技史的新視野》，香港城市大學中國文化中心。）

可是術數至今一直不受正統學界所重視，加上術家藏秘自珍，又揚言天機不可洩漏，「（術數）乃吾國科學與哲學融貫而成一種學說，數千年來傳衍嬗變，或隱或現，全賴一二有心人為之繼續維繫，賴以不絕，其中確有學術上研究之價值，非徒癡人說夢，荒誕不經之謂也。其所以至今不能在科學中成立一種地位者，實有數因。蓋古代士大夫階級目醫卜星相為九流之學，多恥道之；而發明諸大師又故為惝恍迷離之辭，以待後人探索；間有一二賢者有所發明，亦秘莫如深，既恐洩天地之秘，復恐譏為旁門左道，始終不肯公開研究，成立一有系統說明之書籍，貽之後世。故居今日而欲研究此種學術，實一極困難之事。」（民國徐樂吾《子平真詮評註》，方重審序）

現存的術數古籍，除極少數是唐、宋、元的版本外，絕大多數是明、清兩代的版本。其內容也主要是明、清兩代流行的術數，唐宋或以前的術數及其書籍，大部分均已失傳，只能從史料記載、出土文獻、敦煌遺書中稍窺一鱗半爪。

## 術數版本

坊間術數古籍版本，大多是晚清書坊之翻刻本及民國書賈之重排本，其中豕亥魚魯，或任意增刪，往往文意全非，以至不能卒讀。現今不論是術數愛好者，還是民俗、史學、社會、文化、版本等學術研究者，要想得一常見術數書籍的善本、原版，已經非常困難，更遑論如稿本、鈔本、孤本等珍稀版本。在文獻不足及缺乏善本的情況下，要想對術數的源流、理法、及其影響，作全面深入的研究，幾不可能。

有見及此，本叢刊編校小組經多年努力及多方協助，在海內外搜羅了二十世紀六十年代以前漢文為主的術數類善本、珍本、鈔本、孤本、稿本、批校本等數百種，精選出其中最佳版本，分別輯入兩個系列：

一、心一堂術數古籍珍本叢刊

二、心一堂術數古籍整理叢刊

前者以最新數碼（數位）技術清理、修復珍本原本的版面，更正明顯的錯訛，部分善本更以原色彩色精印，務求更勝原本。并以每百多種珍本、一百二十冊為一輯，分輯出版，以饗讀者。

後者延請、稿約有關專家、學者，以善本、珍本等作底本，參以其他版本，古籍進行審定、校勘、注釋，務求打造一最善版本，方便現代人閱讀、理解、研究等之用。

限於編校小組的水平，版本選擇及考證、文字修正、提要內容等方面，恐有疏漏及舛誤之處，懇請方家不吝指正。

心一堂術數古籍珍本整理叢刊編校小組

二零零九年七月序

二零一四年九月第三次修訂

天元第四歌陽宅篇
歸厚録陽基篇
八宅天元賦
天元餘義陽宅三格辨
陽宅指南篇
天心相宅秘訣全圖 計五十三頁

# 禁言

地理經書實先賢傳心之作惜為諸家偽說淆亂正旨遂為蔽匿一經我大鴻先師註疏分晰一理貫徹萬派歸源俾埋玉呈潔天寶垂光吾儕得之當謹肅誠心什襲珍藏不可拋擲案側隨人作閒書翻弄亂道至於開讀之時必須清淨無事洗心滌慮屏去紛囂之念端整敬對如

有事寧俟其畢不得曉亂紛譊酒食汚穢之所醉眼迷邪傲慢笑謔之時信手翻閱褻玩靈文必犯天責尤當戒慎至天心相宅一書眞天宮之秘非人世所有倘獲傳此書雖千兩紫金不得鬻賣必師師相授始得安然享用若盜得此書必遭雷火或輕示匪人更當罪過丹陽張仲馨識

陽宅指南篇序

予自束髮時即聞雲間有蔣大鴻先生與周勒卣夏彝仲陳海士李舒章諸公相與頡頏唱和其著述多載幾社文選中讀其詩文想見其人而恒以不得一見為憾既而先生鴻飛鳳逸為汗漫之遊所歷名山大川扶輿流峙浩浩落落入其胸中者蓋八九而先生之學益進矣先生與越山陰天水氏有舊悅其地

巖壑秀美遂卜居焉歲壬戌來遊於蘓余始得識先生蘓人士有知先生精景純之術者咸往就問時予適欲為先君子營窀穸相延相視下窆而封樹遂得共數晨夕先生因示予所撰歸厚録天元歌醒心篇及辨正一書皆闡揚楊曾之秘為前人所未發其淵奥談博非淺學所能窺測時從遊而得傳者獨稱山陰蓋淵張子然平居亦不輕以所得語人頗即語人

而人多不之解也戊寅初冬予方養痾鳳城山署張子來遊於粵以所註先生陽宅指南遠携見示發微闡賾不減向郭疏莊反覆紬繹頓開茅塞沉痾為之立起覺從來雲霧迷蒙豁然披去如日月之在中天名曰指南不亦宜乎夫居無求安吾夫子嘗言之矣則規規焉以居室自謀者似非君子之志雖然聖人特為學道者訓耳豈眞謂居之不必安耶故孟子亚

嘗引安宅以喻仁矣則安宅為人所共顧可知詩有相陰陽觀流泉之句而書亦有相宅匹休之文晉魏元陽亦有當為外家成此宅相之語則古人於居處又何嘗不計其休咎乎但世人習而不察知而弗詳不得其傳貿貿從事為可惜耳是帙也吉凶禍福之機驗於左券捷於影響間嘗按其所言以質己事皆歷歷不爽張子既疏解之且剖劌之以廣其傳使天

下人人咸知趨避得處安宅共適於順吉之區是張子之存心視夫萬間之庇更有加焉予嘉其意因為記數語於簡端以告世之相宅者俾知張子之傳述有本又以見大鴻先生固非經生牽拘文義僅能為章句之言者比亦非今昔形家者流可與同日而語也張子歸試更以予言質諸同學賈子是亦能領會先生之旨蘊者或亦不至河漢斯言乎

藜照堂傳

康熙戊寅嘉平月吳門緝菴弟何熙拜手識

家秘本

地理淵源記書後

靖江韓子御黃得我郡大鴻蔣先生之真傳見予三字青囊經及郭氏葬書註釋大加許可謂予曰蔣公固以浪洩為禁戒而子與予同一宗派不相嫌也盡盡傾所得乎予予曰尚有辨正發微願以易陽宅真本韓子欣然諾之而同訂發微者為同邑劉子樂山亦聞議踊躍然徘徊久之卒未能交手相付予謂韓子有悔心韓子曰夫豈然乎是道不可以無師余實兩事師而始得陽宅之全竊見世之挾是道以規利者往往假借依附冒認名師以相扇惑更出偽書欺世而竟滅絕其授受之所自來今子

以蔣公為師而不復事師得之易必洩之易將不免犯蔣公之禁戒而予亦無以對吾師也地理淵源記子其觀之余觀之而不禁喟然歎也韓子可謂不忘其本矣夫偽書多出於偽人余於韓子既已重其人敢不益重其書

旨

乾隆甲子孟秋中澣十日上海云吾子汪宜耀士雲氏拜手跋

地內之炁。陰宅宜乘其凝結。地上之氣。陽宅宜受其衍敷。

四倚之地四句。論水便是論地。下文乃重在門上。

八宅以生炁為貪狼。天醫為巨門。禍害為祿存。六煞為文昌。五鬼為廉貞。延年為武曲。絕命為破軍。伏位

# 歸厚錄陽基篇

杜陵中陽子蔣平階大鴻氏著

檇李門人沈憶年秬承氏註

大輿之理。豈惟藏形。伊古聖哲。建都作京。襟江帶河。九野孕靈。兆民萃處。百堵聿興。維宅之基。與墓合符。墓氣凝結。宅氣衍敷。四倚之地。廣廈不移。移宮換步。在隅及隅。爰有五幾。實惟宗要。一地二門。三衢四嶠。五曰隅空。八風自竅。獨遵回兆。微發如曜。

藜照堂傳

為左輔右弼此地局九星也其吉星止於貪巨武輔楊公借九星以標三元氣運不以星之吉為吉此天元九星也此篇既已獨遵三元又以司天所領開列男女宮數明其宮男女宜住其宮宅舍似不可忽故立向仍以地局九星為主蓋取向臨宅主之天醫生炁方然此特遊年卦例之類以之恭年神方位而斷吉凶必天醫生炁臨旺門而後有吉應絕命五鬼臨衰門而後有凶應則其禍福雖係於九星而實係於三元亦可知矣

地符繞貫謂宮星四面環之

遊年卦例禍福不兆墓氣從地宅氣從門一門易向榮落轉輪門通大道氣入閨壺前後旁側分勢均形重門協吉與路相仍轉步衰位美惡相爭男女居室曰維大倫房闥是主堂階作賓祠廟之宇神靈相憑建置不失人鬼敉寧置宅廣原地符繞貫比廬則聚單舍恒渙若在都邑無尤水遠爰獲沾濡厥功無算深山之宅八國蔽藏山形四缺風來集方轍跡所至氣動舒陽

分會謂分大幹之形勢而會於都邑。分小枝之形勢而會於市鎮也。　分會一本作風會

是為主治。餘理則常。墓氣及骨。宅氣及身。此如枝條。彼如沃根。根榮以歲。條茂及辰。墓吉宅凶。蕃齒食貧。墓凶宅吉。殃在後人。墓宅並吉。介福千春。能不失馭。邁種之英。此章言輿軸之地。不惟坟土藏形而已。即古聖王理國經野。大而京師。小而郡邑。以至邨落市鎮。莫不有形勢分會焉。其九龍立局之法。與墓同符而不無小異。蓋墓氣止取一勺元辰之水。而京都

郡邑則取大江大湖為局大水在南作坎大水在北作離大勢衰旺此其樞也至於各家宅氣又就其所倚小水而分九局且陰地取其結聚陽基取其數衍格局有廣狹之異四倚者或前或後或左或右專依一水也倚一水則局真雖作廣厦其氣皆不變若隅隅之地掛角立宅止中宮大勢收氣不雜前後帶收氣則有改變矣如掛角艮宅西南二方

貼水。則前帶左廂近南水屬坎。後帶右廂近西水屬震矣。一宅分房。便殊衰旺。陰宅氣在地中。止穴內一氣。陽宅氣在地上。不專以地中之氣為主。兼取門氣。蓋氣本橫行。而無途入宅。門戶一啟。氣即從門而入。其力與地氣相敵。地衰門旺。地旺門衰。吉凶參半。須門地並旺。然後可以召諸福也。門地之外。又論道路。直來者作來氣。斷如乾方有路來朝。則

城堞與橫路同斷。橋梁與朝路同斷。

宅受乾氣也。橫截者作止氣斷。如坤方有橫街。則宅受艮氣也。朝路北來龍而橫路北界水。所謂三衢四嶠同斷。嶠者鄰居高峻處。如艮方有高屋。則氣被障斷。反從艮方回向我宅。黃白二氣篇所謂回風反氣。自高及下者也。高屋多則氣厚。高屋少則氣淺。若遠方高屋迢遞而來。漸近漸低。歸結到宅。氣尤百倍矣。隅空者。方隅空缺。或在宅外。或在宅中。

九星即是三元。微精微之謂。微參猶云詳參。蓋言陽基以三元之衰旺為廢興。當詳參九曜何者是三吉何者是輔弼。以斷此宅之衰旺廢興。至於遊年卦例。無關禍福。今註謂微參言不甚重也。恐非蔣公本旨。書此以質高明。

偶見一本云、一四同宮、准發科名之顯、九七共處常為回祿之憂、五黃正煞損人、正煞謂戊己都天　二黑病符多疾、五主孕婦受災、黃遇黑時出寡婦、一主宅母多咎、黑逢黃至出鰥夫、六會九則長房血症、而七九之會更凶、八逢四則小口殞身、而三八之逢更惡、此數語論飛宮殆即蔣公所謂遊年卦例也、取之以參元運之吉凶、或有一得、其餘論運論方論間、錯亂圖書、乖離星卦、貽誤無窮。

能引八風從空而入最關利害此五幾者惟以三元之衰旺而為廢興而立向八卦即九宮九宮即元運若不合九星即則仍以地局九星為主然都有不合九是不合元運豈運與星各自為衰旺耶星不害其為吉者故曰微參言不甚重也至於遊年卦例止參值年神煞以斷吉凶之應而已其實禍福不係乎此若宅氣旺雖絕命五鬼何害於吉若宅氣衰雖天醫生炁何救於凶相宅者只將五幾按三元以定衰旺義盡此矣從地

從門。申言門之尤重。葢地乃不定之物。不能改。移門則可隨方而改。儘有失元之地。改一旺門便能起衰得元之地。行一衰門便至減福。尺寸之間。榮枯頓異。不可不慎也。門以通大路者為重。葢氣在大道中。隨人往来。一開門便從門入。前門後門。傍側便門。或吉或凶。分遠近大小。動靜冷熱而論興廢。一宅止一門獨旺。則全美無瑕。若諸門皆旺。層遞而

步步從旺方引入閨闥。步步字要玩。若門引旺氣而路有衰脈。亦足為累。

補註
古人營室。宗廟為先。香火之地。須在吉方。人鬼俱寧。方為安宅。

入。皆由吉路。則諸美畢臻矣。若轉入衰路凶門。美惡相爭。不能歸一。亦以長短親疎分別勝負。至於宅中內門則尤以房門為重。蓋一陰一陽之謂道。家道興廢在夫婦配合之際。生男育女。繼祖承祧。皆原於此。宅內重門道路步步從旺方引入閨闥。更開吉門迎之。則五福全收矣。若中堂正屋。乃賓客酬酢之所。非歸根復命之鄉。不甚重也。若在荒邱空

曠之鄉立宅。則五幾之中。專以地氣為重。與陰宅相似。然猶必比屋聚廬。而後可以會合風氣。收攬陽和。極小屋。必二進三進。始有蓄聚。一帶直屋。及散布數椽。氣皆渙散。地雖吉。不驗也。若在城市。五幾。並重。不專以水為局。雖遠水亦有乘旺發福者。更能近水沾染生氣。福力非常可比。若近水衰地。其禍尤甚。深山之宅。八方高蔽。水氣輕微。但以山形空

缺處為風門。其人跡車馬往來之路尤重。葢山國純陰。一有動氣。即為陽生。能司禍福。故山中之宅。專以風路二氣為主治之要。其餘理氣。皆屬平常。不甚持權也。末段總言陰陽二宅。不可偏廢。葢墓氣從亡者之骨。蔭及生人。力深而緩。宅氣即在本身。力浮而速。朝種暮熟。知者固不得以陽而廢陰。亦何可重陰而忽陽也哉。

家秘本

玉函眞義天元第四歌陽基

杜陵中陽子蔣平階大鴻氏著

人生最重是陽基。却與墳塋福力齊。宅氣不寧招禍咎。骨埋真穴貴難期。建國定都關治亂。築城置鎮係安危。試看田舍豐盈者。半是陽基偶合宜。

此章言陽宅與陰地並重。故建都立邑。關係甚大。

陽基擇地水龍同。不用前篇議論重。但比

陰基宜濶大不爭秀麗喜粗雄大蕩大江收氣厚涓流滴水不關風若得亂流如織錦不分元運也亨通

此章言陽宅水法一如水龍故不復論但取局面濶大乃可容受若在多水曲折之地即不合本元亦可發福

宅龍論地水神裁尤重三門八卦排風取爽兌連艮氣到他乾宣是胞胎一門乘旺兩門因少有吉祥不可留兩門交慶一門

休。大事歡欣小事愁。須用門門都吉位。全家福禄永無憂。三門先把正門量。後門房門一樣裝。別有傍門并側戶。一通外氣即分張。設若便門無好位。二門獨出始為强

此章言陽宅門氣。

門為宅骨路為筋。骨交連骨肉均。若是言門兼惡路。酸漿入酪不堪斟。內路常兼外路看。宅深內路抵門闌。外路迎神并界氣。迎風界水兩重關。

此章言陽宅路氣。

更有風門通八氣。墻空屋缺皆難避。若遇祥風福頓增。如遇煞風殃立至。

此章言陽宅風氣。

矗矗高高名嶠星。樓臺殿宇一同評。或在身傍或遠應。能廻八氣到家庭。嶠壓旺方能受蔭。嶠壓凶方鬼氣侵。

此章言陽宅嶠氣。

衝橋衝路莫輕猜。須與元龍一例排。衝起

樂宮無價寶衝起囚宮化作灰

此章言陽宅衝氣

村居曠蕩無關鎖地水兼門一同取城巷稠居地水寬路衢門嶠並司權

此章言陽宅有城市鄉村之異

一到分房宅氣移一門恒作兩門推有時內路作外路入室私門是握機當辨親疎并遠近抽交換象出神奇

此章言陽宅分房之異

論屋神祠理最嚴。古人營室廟為先。夫婦內房尤特重陰陽配合宅根源

此章言陽宅以神祠寢室為最重。

八宅因門坐向空。反覆衰旺定真蹤。運遇遷流宅氣改。人家興廢巧相逢。

此章言八宅以門而定。不重坐向。即氣口反為初之義。而歸重於天元衰旺。故宅有隨時興廢之巧。

此是周公真八宅。無着大士流傳的。天醫

福德莫安排只好遊年斷時日逢興鬼絕更昌隆遇替生延皆困迫太歲神煞若加臨禍福當關如霹靂門內間〻有宅神值神值星交互測此是遊年剖斷機不合天元總虛擲

此章言小遊年翻卦必合天元氣運乃斷吉凶

九星層進論高低間架先天卦數推雖有書傳都不驗漫勞大匠用心機

此章言層進九星間架之非。

山龍宅法、有何功四面山圍亦辨風或有山溪來界合。兼風兼水兩相從。若論來龍休論結。龍藏穴不藏宮縱使皇都并郡會只審開洋不審龍俗言龍去結陽宅。此是時師識見庸。待取陽居釀家福。山居不及澤居雄。

此章言山居宅法。

陰基蔭骨及兒孫。陽宅氤氳養此身。偶爾

僑居并客館。庵堂香火有神靈。關着天元輪轉氣。吉凶如響不容情。透明此卷天元宅。一到人家識廢興。

此章言陽宅蔭生人。比陰地較速。凡有棲身。不可不慎。

家秘本

天元餘金我陽宅三格辨

杜陵中陽子蔣公著

人生禍福之數。陰宅居其半。陽宅居其半。若陰宅不沾凶氣。一遇陽宅吉祥。輒致顯榮。若住基正屬衰危。縱有住扞。亦難發達。陽宅之不可不重如此。予為辨之。亦有三格。一曰井邑之宅。二曰曠野之宅。三曰山谷之宅。井邑之宅。或居城郭。或居市廛。萬井纍烟。重闉比户。地脉朝向。大畧相同。而

郭氏

考其吉凶判然各別此其為用街巷道路為先方隅風門為要而水局次之葢車馬人跡呵咽闐闐響振塵飛無非動氣此其噓枯吹生豁逼影激不同岑寂之鄉若更獨得水局舟榜交横尤為出格之宅得其元者百萬驟至卿相立躋葢此宅也曠埜之宅以水為主而風門方隅次之道路又次之若大江大河則其應亦大小溝小澗則其應亦小此與平原龍法體格合一而

微有細大之殊。各擅一方。氣鍾於特。若元運綿長。奕世承祧。子姓不替。葢此宅也。山谷之宅。以風為主。而餘皆次之。葢其風摩空而下。障之者萬尋。而漏之者千仞。萬竅怒呺。排山拔木。其吹祥也。發不旋踵。其吹咎也。殄無遺跡。非真得元龍之氣。我不敢居也。嗚呼。安得三元不替之深山窟宅而世其麻乎。雞犬桑麻。與世逈絕。擬於仙都。葢此宅也。凡此三宅。皆擇堂氣開舒。水泉

平衍之地而築之而不闕龍脉之結聚世人謂龍脉結成陽宅此說非也即大而郡邑更大而京師亦擅氣局非闕龍脉其所謂聚勢聚而已豈有金針玉線纏綿絡繹而入我之户牖哉蓋山龍之氣一縷靈光如花房含露香味細滑但與人之骨體相沾不堪遍灑於堂階門闥凡陽宅之所收者外氣而已山川風物挹攬光華雲奔電轉其作用在土泉之表非求之地絡之陰

至於翻卦遊年。此占年之小數。非定宅之正經。苟知楊公真八宅之旨。則概可畧也。此皆昔人未發之義。予特為辨晰。以告世之工於相宅者。

家秘本

八宅天元賦

玄天垂象。九霄開梵炁之中。大輿炳靈。九野肇坤維之紀。龍馬以河圖啟瑞。神龜以洛書効珍。剖混沌之先幾。昭乾坤之大法。自然妙化。聖人由之。建都邑以御萬邦。授室廬以綏兆姓。明堂九室。見於月令之文。方井八家。考諸徹田之制。粤稽黃帝。始剏合宮。我祖文公。爰營雒邑。當時著為憲令。後世禀其遺規。生民日用而不知。聖人先

知而不議。秦火之後。典籍蕩然。千聖不傳之心。一綫寄諸詰士黃石授書圯上。乃出青囊蕭相功成未央大開北闕。逮於管郭。微言莫稽。比及楊公。正術始顯。嗣是偽書雜出。異軌爭馳。家〻造滅蠻之經。人〻排掌中之卦。辭能害志。妄且亂真。斯固世運之衰微。抑亦天機之隱秘。不得雲陽之訣。豈知幕講之傳。萬古洪荒。一朝剖破。坐山定宅。宅既不真。東西分宮。宮亦全謬。五鬼

六害豈皆絕命之神生炁天醫不盡延年之路貪狼巨門高聳未是吉星廉貞破軍昂頭豈真凶曜若執遊年卦法斷無取驗機關欲明八宅之真先識九宮之數年分甲子運轉三元上元一白為君震巽輔中元四綠居首五黃相承七赤統下元良離兌配南春榮秋落莫問出元之龍陽往陰來須遇本宮之水正偏曲直惟貴路清廣狹淺深只求路的形局之模糊猶可方

隅之雜亂難言。曠野平原。端取流神結體。關廂邨鎮都將衢路分踪。城隅依城為憑。山國傍山立局。高樓峻宇。橋星借插於鄰家。閘堰橋梁。動氣交衝。乎轍迹。墻籬皆能障蔽。竹木亦可攔當。總之水為引氣之元精。察其來又看。兆抱風是送氣之神物。性主散。須用遮攔。噓吸雖辨陰陽。化機總歸一物。風之所送即是水之所交。陽之所噓即是陰之所吸。交如牝牡。類影隨形。應若

宮商似響斯答水氣在土膚之上嘗以光交風氣來空虛之際但隨質取光交親憑目覩質取變有多端若逢空缺即為來一有遮攔旋作止辨明來止二氣方知噓吸真機更論宅神尤多妙用權衡內外銖兩吉凶蓋外氣是宅外之風水內氣是宅內之方隅內外俱吉是安居內外俱凶成廢宅外凶內吉僅許小康外吉內凶難除瑕玷此言曠野一家之宅非言城市比屋之

居若是接宇連甍尤重升堂入室畧陳規規以備推求大體先論宅形機括兼看門路四方正直備有八宮匾濶直長偏歸二卦一曲須看首尾三灣亦取兩頭長短消除廣狹轉變兼方合卦有左衰右旺之時曲勢斜形辨此濁彼清之界卦有定理格不一方假令震兌橫几二卦適均坤艮磬形兩宮並至試問闢門何地乃知氣入之原嚴搜內室何方始定歸根之際若門通

前後則卦不一專更卧室居中則氣收兩合向兼寅甲坐雜亥壬東房富則西房必貧南枝榮則北枝定萎六察重輕於門路方測深淺於卦爻析疊乃彰合居不判欲較門之力量亦辨宅之形模方宅四周門通八國如其曲直難以推移坤向深沉離兌二門俱不應正南重疊巽坤兩戶總無權門若居中左右截然分氣或開旁側一邊獨領真情全憑內路之曲折直長引神

藜照堂傳

入室并審旁門之有無純雜漏氣奪胎總之多門不如一門之精專遠路豈同內路之親切總門統宅主一家之隆替房門掌夫婦衽席之安危別有男女兄弟驂分居之房闥下至奴婢妾媵據所受之一廛萬花叢裏豈無一樹先零數畧池中亦有鯨鯢漏網宅大則所招之勢必遠宅小則所受之氣亦微總求領受為樞機細審真方分順逆改一門頓殊枯菀移一巷立判災

祥拆屋添墻看取東宮西舍整新修舊審知旺位衰方或彼家吉而此家凶或昨日興而今日替其機可畏其理誰知嘆肉食之終迷遇真詮而罔覺有宅於此世所共疑何祖父顯而末胤中微何故主傾而易姓驟起亦有弟肥兄瘠豈無主弱奴強愚人不識氣機輙議全無宅法不見芳春密蔭涉秋霜而自凋譬諸大旱傷禾沛甘霖而立起吉人逢其景運薄祚遘其衰時實

有天心適符地脉此理捷於影響至人秘而不傳世重葬經每輕宅相夫反氣入骨固人道報本之常經立命安身亦孝子守身之本務祖父實以子孫為血脉邱墓反因住宅為安危其理甚微不可不察且死者已枯之骨非歷久而不榮生人食息之塲隨呼吸而即應欲求朝瘁暮榮之術須識移宮換宿之奇歷試不渝我言若契將肩此任慎簡其人苟非同天地之心何以

通造化之妙。按圖索驥。難悉端倪。觸類引伸。粗陳大概。省察之機寓於目。變化之巧存於心。書不盡言。言不盡意。果精其術。直堪羽翼聖朝。克守其規。庶以延長世澤。至理不易。上士何由。傳之下愚。天道無私。祖父豈能。教其孫子。我滋懼矣。尚慎旃哉。

歲在彊圉協洽律中林鍾杜陵大鴻氏撰

八宅天元賦終

家秘本

# 陽宅指南篇

杜陵中陽子蔣平階大鴻氏著
會稽門孫張重明蓋淵氏註

世人不識重陽基。陽基效驗在須臾。死生貧富如操券。育子遷官貴及時。此是天元眞骨髓。前賢寶惜未曾題。若非世德膺天眷。孰敢輕談洩化機。

今人但重陰基之風水。不知陽基之更重。蓋陰宅氣鍾骸骨。蔭死及生。得氣有

漸陽宅生人受氣一家長幼皆在此氣之中故其應捷陰宅子孫衆多各房受氣陽宅止在一己之私故其應專往陰宅福蔭應之於居吉宅之子孫而居凶宅者不及焉故二宅必須兼美亦有大家世族單以陽宅發祥俗眼不明反歸於陰地如丹陽黃堂荆氏陶堰陶氏我祖師另有圖論為傳後人此節總發專重陽基之本意以起下文十二節之

旨云

第一要訣看宅命動處來空實處靜空邊引氣實邊收命從來氣天然定

人生以氣為命故宅亦以氣為命動屬陽靜屬陰空處氣來故為動而陽氣隨之而入焉實處閉塞故為靜而陽氣於此止息焉法以實處為宅身空處為宅命空在何方即宅命在何方而吉凶衰旺判然矣此千古不傳之秘苟非其人

藜照堂傳

不可輕洩

第二要訣看宅體端方周正斯為美前後修長蓄氣專若然區濶分途軌

宅體或方或長要四圍端正則八卦周全而可定其為何卦之宅若有缺處缺一卦即變一卦非本形之正卦矣四方之宅卦爻完足可定何卦之氣再得前後修長則所收之氣充足如南北宅形狹長南向即離氣足北向即坎氣足也

若向南北之宅而南北淺東西濶宅形
匾大雖坎離之宅而放開震兊本宅之
氣不專故曰分塗軌他卦倣此

第三要訣看坐向坎離震兊針尖上得乘
正卦合天心幹支雜亂生魔障

用卦之法全在坐向坐向在卦之中爻
則卦氣清純若在旁二爻即非正氣況
旁二爻又偏近他卦之邊更成雜氣難
定吉凶更有二卦兼向之宅如己丙之

以中氣為貴四正四隅一也茲云坎離震兊針尖上蓋舉四正以談四隅耳学者須知之

交未丁之交即是巽離之宅坤離之宅矣衰旺不齊禍福龐雜卜宅者所不貴雖統言八宅而專言坎離震兌舉四正以例四隅也至於針尖一語皆有深意妙用存乎口訣

第四要訣輔弼星地宜左右審虛盈輔若虛時地元然弼虛二卦受驚災一重輔弼一重福若見重重福不輕有人識得輔弼訣選宅安身事事寧

輔弼二星。即左右兩隣也。貴於厚實。不可有虛隙之處。如帶空地衢巷。即為漏氣。更在衰方。尤為凶惡。篇中二卦之義。蓋隱天元人元。其吉凶衰旺。獨主坎離二宅為例。然不及六卦者。亦自有深意存焉。蓋陽宅之秘。雖有詩要訣前後詳明。而安危大體。尤重輔弼二宮。若得二宮重重厚實。雖他訣不合。而此事無虧。縱不能發。亦免大禍。故丁寧反覆云爾。

藜照堂傳

第五闕問卦路訣正卦裝門莫偏拽入門之卦宅元神元神衰旺此中別一門正卦氣無頗前後門通兩卦接更有旁門破卦身縱然旺氣非清潔既有門時即有路內路外路須兼顧路在生方致百祥然方引路多災禍

門者一宅之咽喉乃命脉所繫當為第一義而言之獨後者蓋此篇論宅從外入內內外勢未定未可躐等論門故至

此方及不以次序別輕重也門卦即宅卦周公八宅所謂氣口反為初千古不易之義也如門在離方即為離氣若坎方又開後門即為坎離合氣之宅據此兩門參宅衰旺此外再有第三門即為破卦反將兩門之氣走泄雖在旺方亦非所宜矣開門者貴清本卦中爻亦如立向之例至於所走之路引氣入室與門同功一體故綦重焉

重重門路入卧房澄清生旺保安康宅中天井休寬曠宅外四風不可當暗煞比將明煞猛休言不見免凶殃

此節承上文門路而言路之所以重者因路必入卧房卧房者宅主宅母寢息之所生育之基尤為一宅之根本而宅門之内既有路復有天井葢風自上而下小則聚氣大則迎風故以寬曠為戒且又推類而言門路天井乃宅内之風

吉凶之明者也若乃宅外空缺之方即是四風雖宅中不見而實逼宅身透入肌裏吉凶之暗者也旺方猶可煞方最忌可不慎哉

修方動作察秋毫不在年神在卦爻宅吉偶然驚煞位傷丁破產不相饒

此言修方添屋人都以年神方位三煞太歲等名編為萬年圖以定吉凶此皆妄也只論八卦旺方則修造皆吉雖凶

神亦反能為福若在衰方則修造皆凶雖吉神反能為禍楊公所云若要發修三煞若要貴撞太歲語雖極俚無不響應雖吉宅一犯衰方奇禍立見慎之慎之

層〻進〻說高低莫誇福德與天醫只要高低勻且稱偏頗昂陷不相宜

此節論進數高低八宅有九星相生廉貞破軍等宜低生炁天醫等宜高以此

定吉凶者妄也只要前後左右高低相稱八方四勢俱得均勻即為無害若邊有邊無高者昂低者陷雖吉宅亦滋病矣

橋梁衢路市最喧闐若在生方反不嫌能知避煞迎生法轉咎為祥反掌間

世人以橋梁衢路市衝動為嫌不知衝起吉方反能為福惟凶方則其禍斯烈矣避煞迎生雖於橋梁衢路發之實貫

藜照堂傳

通篇不止一事也

一空三閉是豪家三空一閉亂如麻若通閉裏乘空法立地珍珠滿鹿車

此又補第一要訣受氣所未盡若止一面實三面皆虛即有吉向吉門終於蕭索必得三面實一面虛於此虛處引旺氣入宅所謂閉裏乘空居此等宅奇福立致有不可名言之妙也

此是閭閻排宅法不是水神排氣訣若逢

收水又不同宅氣還憑水氣接宅形寬大好吞波收拾水神無漏洩

上文所論皆城市村鎮閭閻比屋之居無特收之水者若此等宅更有特收之水以上諸法為輕專以水氣論衰旺矣然須宅與水相當乃能收吸水氣水大宅小亦難容納雖旺不應也

水鄉山國立家園氣脉宜從山水論倘合丙丙無山田義子孫奕世敬高門

此言山國水鄉創立之宅全無屏蔽若無百間之宅恐不能應山宅則收山風水宅則收水氣此等宅而能收三元不敗之旺氣雖千年福澤豈為過乎卒章提出天元無上義雖為山水建宅而言實總括一篇之要旨與首節真髓相應然隱而不發終不顯言蓋以心傳心非可形諸筆舌者也

我祖師天元五歌已有陽宅一篇暢厥

大旨。此篇作於甲子之冬。更補一十年前所未備。闡微盡變。微妙難窺。題名指南。即寓理氣之真機。上士悟之。已領一篇之要矣。

家秘本

# 天心輪轉風水秘訣全圖

上元喜一二三風。九八七水。

中元喜四五六風水。

下元喜七八九風。三二一水。

上元甲子起一白。

中元甲子起四綠。

下元甲子起七赤。

假如故明天啟四年甲子。係下元。不論何宅。宜兌艮離方開門。

按制八方元黃五上一元元坎白宜風水

中元黃黃元坎白宜風水

上元下元

乾六白宜風水

兌七赤宜風水

離九紫宜風水

坤二黑宜風水

震三碧宜風水

巽四綠宜風水

艮八白宜風水

坎一白宜風水

中元黃黃元坎白宜風水

上元下元

喜震坤坎方有水。合者下元運中發福。不合者凶。輪到

本朝康熙二十三年甲子。係上元。宜坎坤、震方開門。喜離艮兌方有水。又輪至乾隆九年甲子。係中元。宜乾巽方開門。喜乾巽方有水。凡運氣值元者為旺氣。初失元為平氣。再失元為煞氣。凡引氣收風。要收當令之旺氣。不可收當令之煞氣。煞旺之分。禍福天淵。此千古不傳之秘旨也。得傳者寶之秘之。倘有妄洩天機。必遭天譴。戒之慎之。

楊公垂訓也
相宅相墓氏
玉祖傳在錄

雲間後覺子[illegible]樂山氏識

[illegible]
[illegible]
[illegible]

# 依水立局論宅法

三元

離方有水駐堂前。
坎上陽基氣脉全。
先在上元開甲第。
三元常見福綿綿。

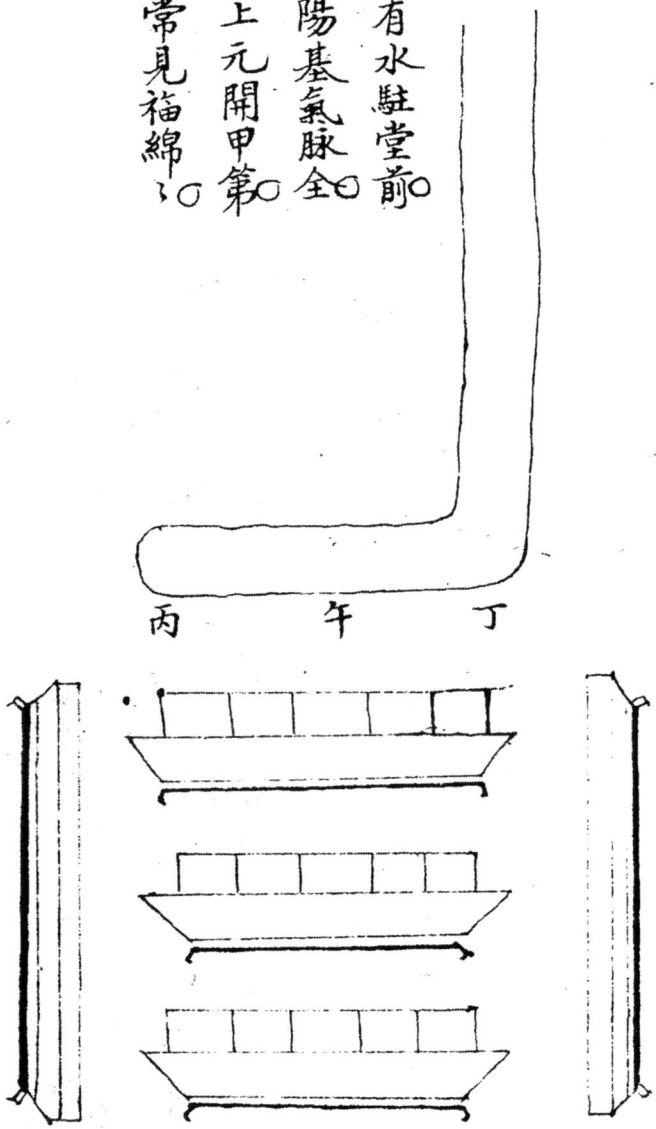


蔣照堂傳

三元

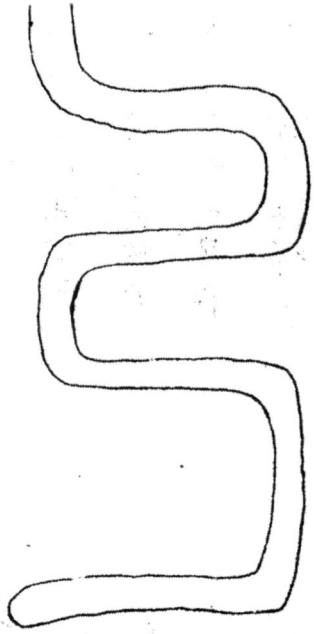

離方九曲似龍蟠。此局光通列宿垣。
建宅三元無破損。三槐九棘冠朝班。
此龍名號上天龍。布散陽和宇宙中。
不但御街能作相。滿門孝義福無窮。

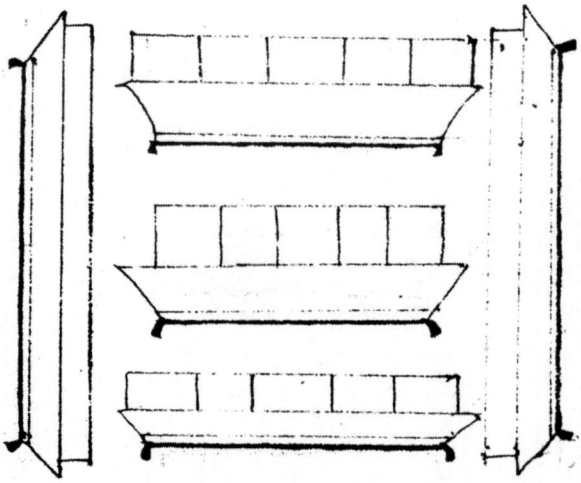

三元

大湖蕩

午

離方湖蕩水洋○小水通來內氣藏○不特三元財祿○盛時拖紫綬到岩廊○

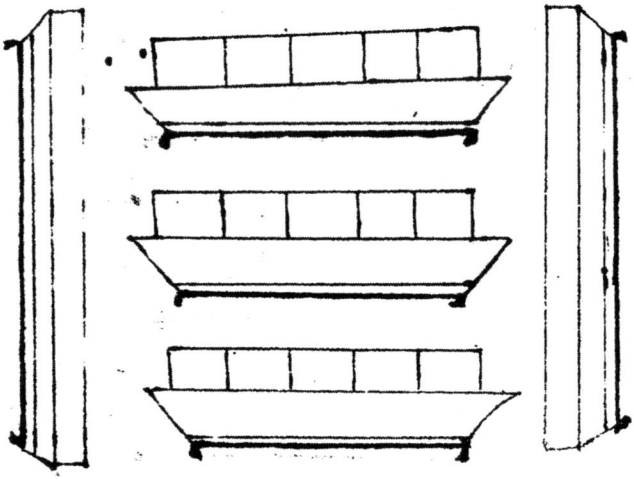

離方湖蕩渚天心○
只貴方圓合正星○
立宅中央常富貴○
為人端楷有黃金○

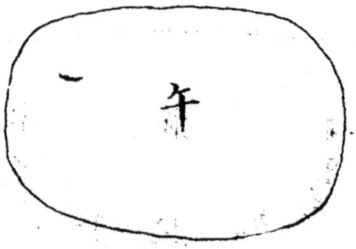


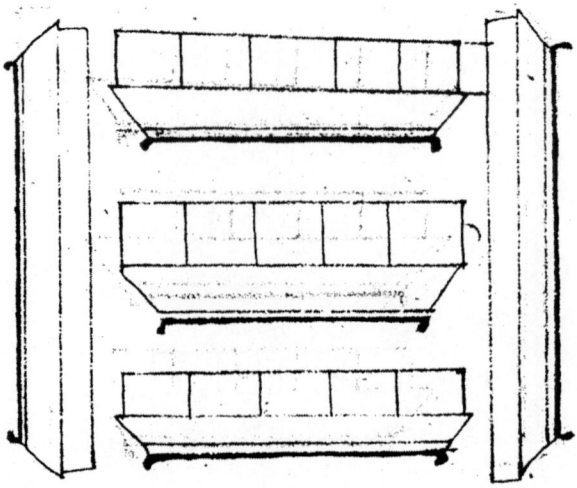

三元

長流大水灌離宮。
小水連城瑞氣鍾。
若見兜攔貴無敵。
黃金百萬位三公。

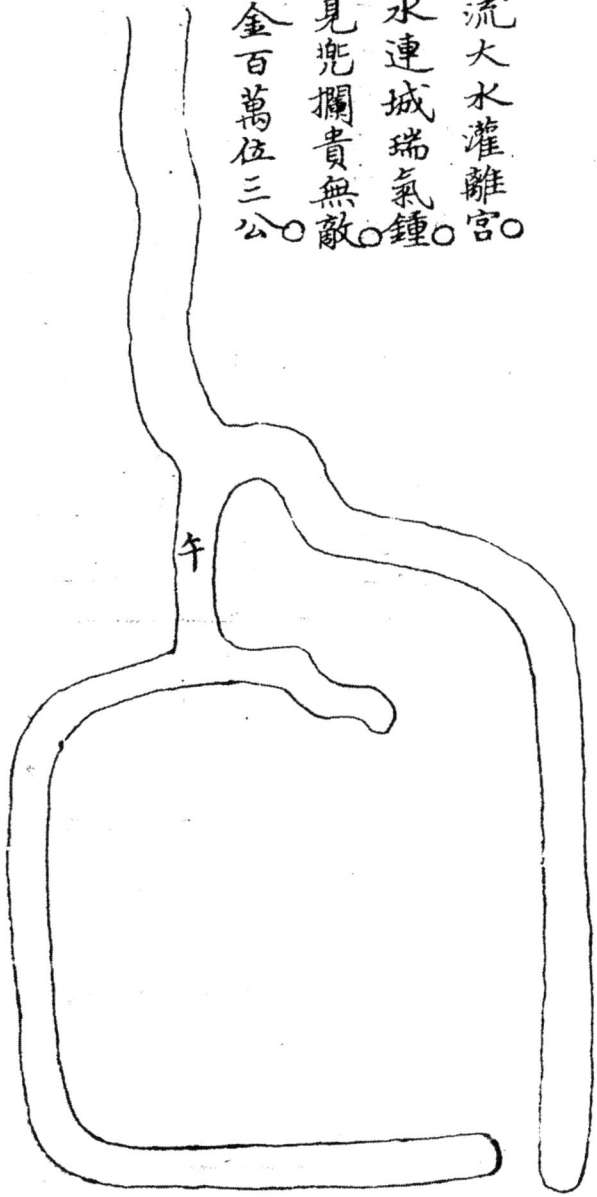

三元

午丁之水兩邊通。
向水安居不怕冲。
一到上元能薦貴。
餘年平穩不孤窮。

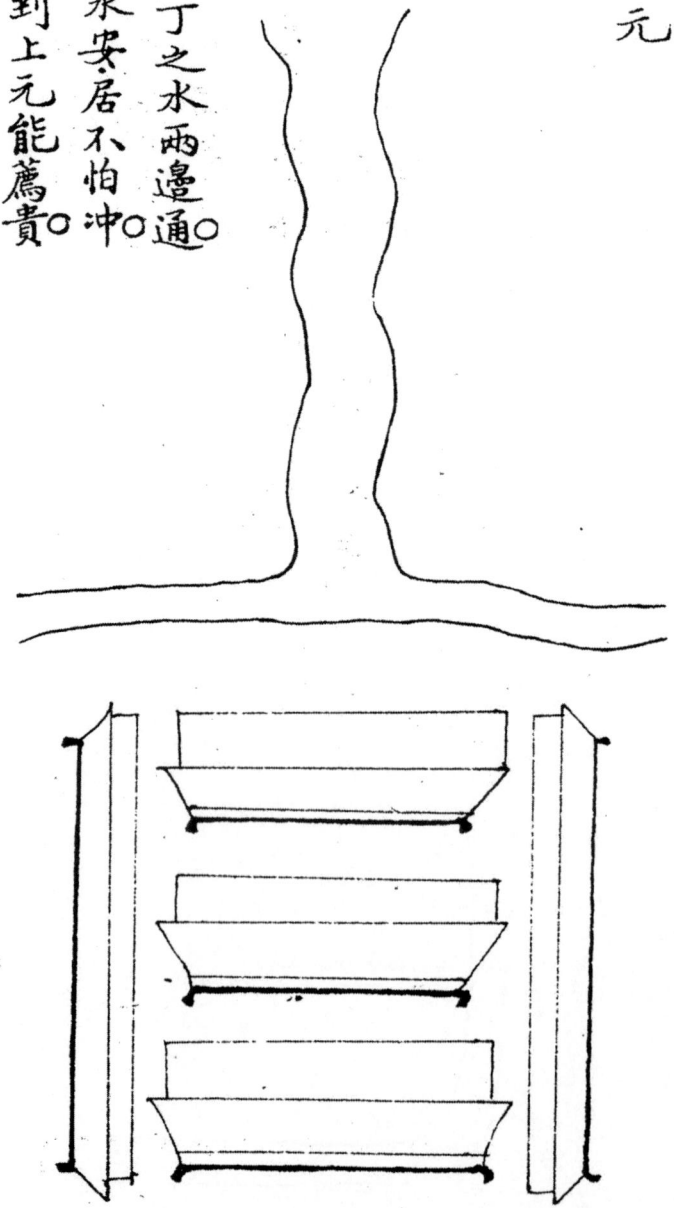

上元
中元

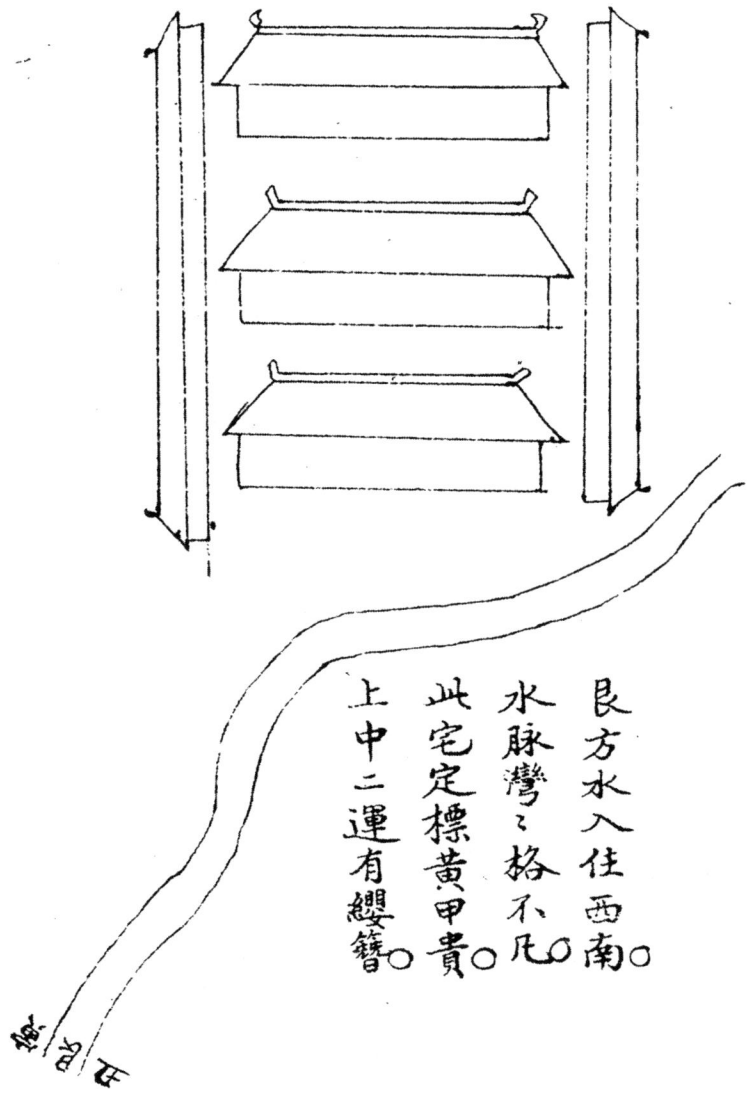

上元
中元

只看東北水光浮。
宅有兜攔氣脉收。
遠曜近星皆會聚。
上中二運樂優游。

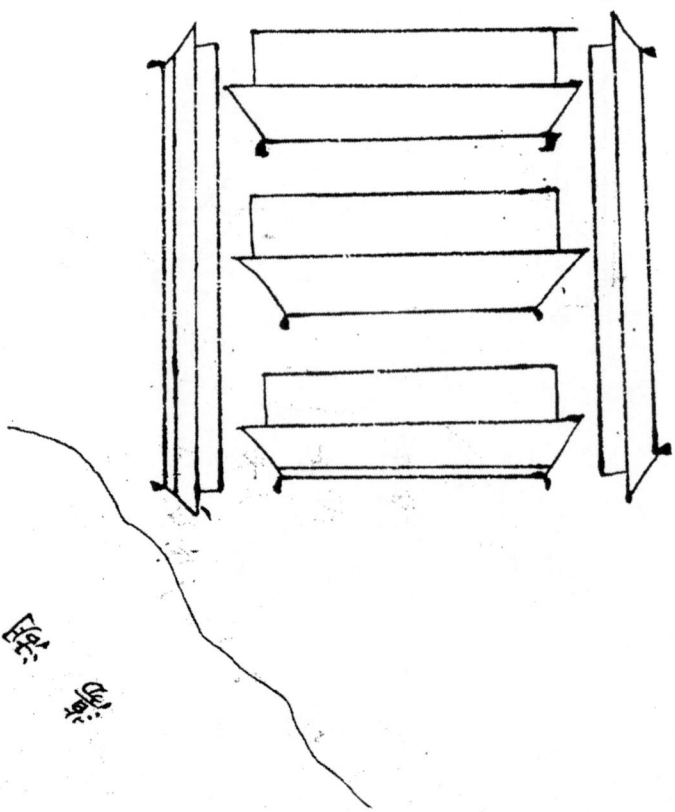

上元
中元

艮方湖蕩水漣淪。
須得灣環曲抱身。
此宅包藏真氣足。
歷年百二少災迍。

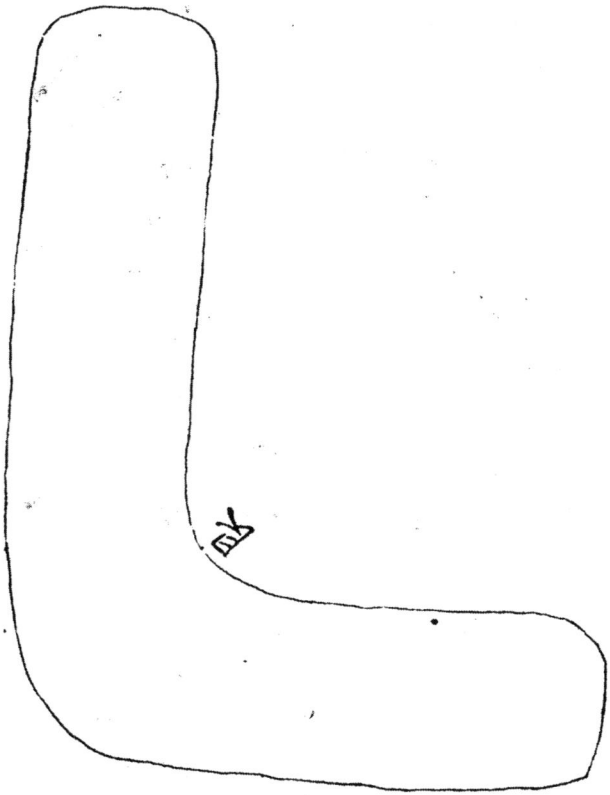

上元
中元

羅經或見四隅形○
坐後淵渟丑艮寅○
亦取居中營吉宅○
兩元旺氣出豪英○

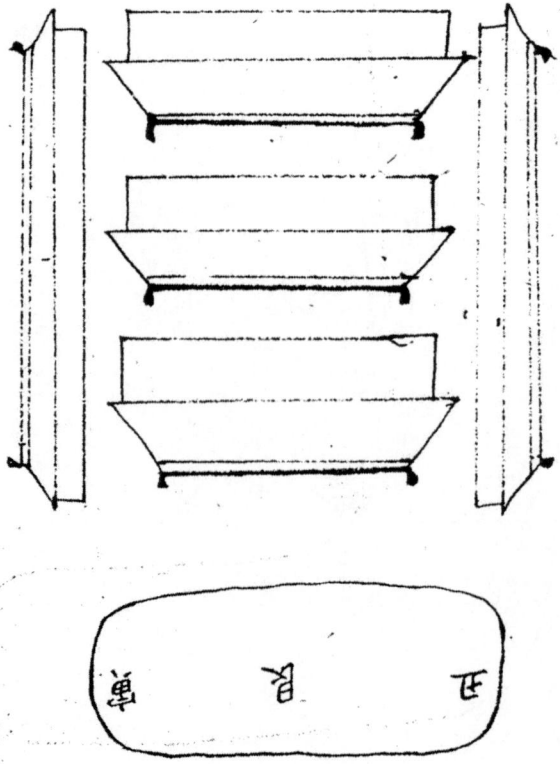

上元
中元

酉

枝水西來緊抱身。不拘前後碧神真。
一白元中無價寶。直交乾六葉蓁。

廿

上元
中元

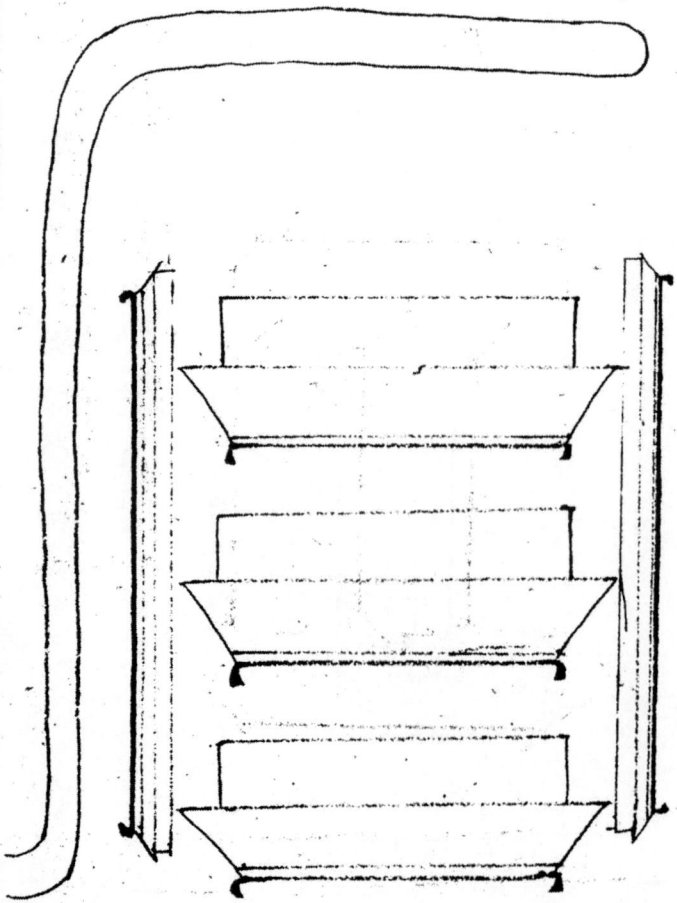


蕩湖

上元
中元

重蕩重湖兌卦邊。
隨方立宅蔭多年。
豐亨豫大誇家世。
直到三元七赤天。

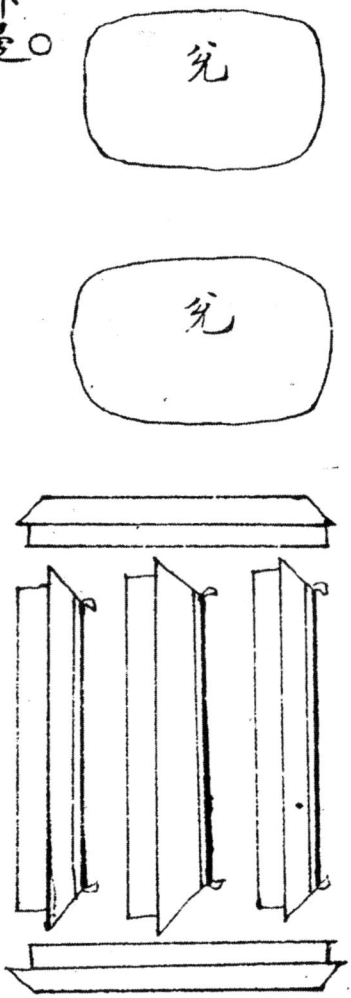

上元

中元

一條西水向東流。
小水攔當氣脉留。
端許上元還晝錦。
中元無咎福悠悠。

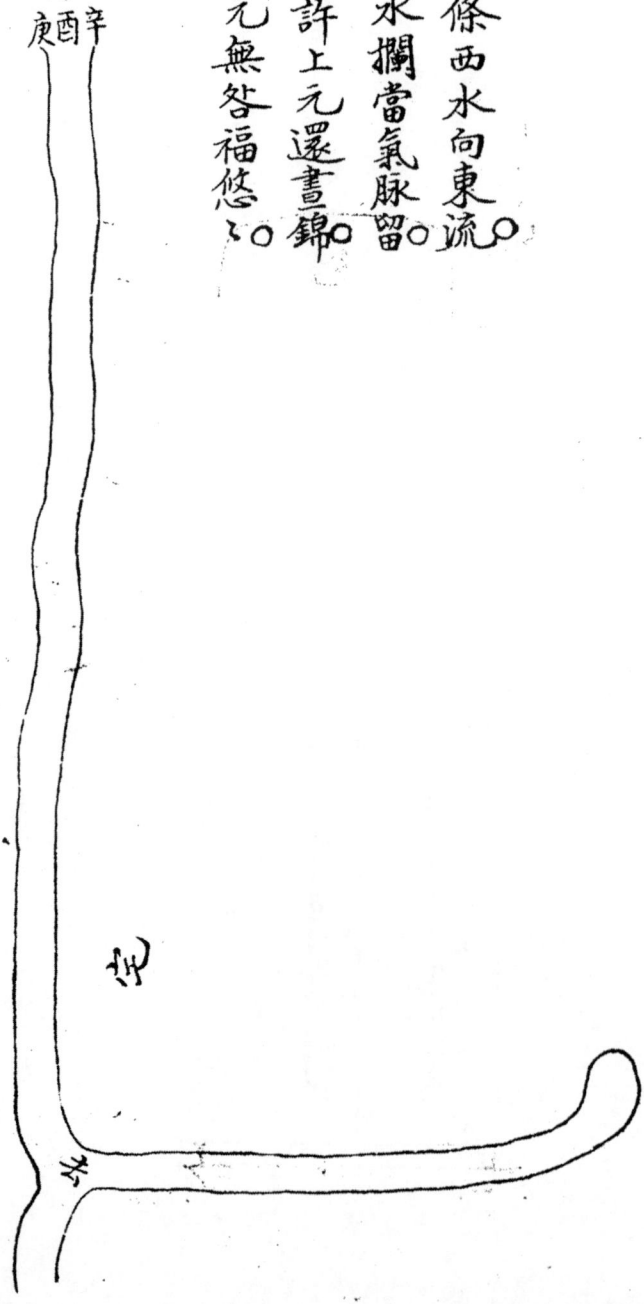

中元

丙　午　丁

宅

乾宮曲水四宮麃。
八十年中享大名。
若曉元中安吉宅。
黑頭公相秉鈞衡。

中元

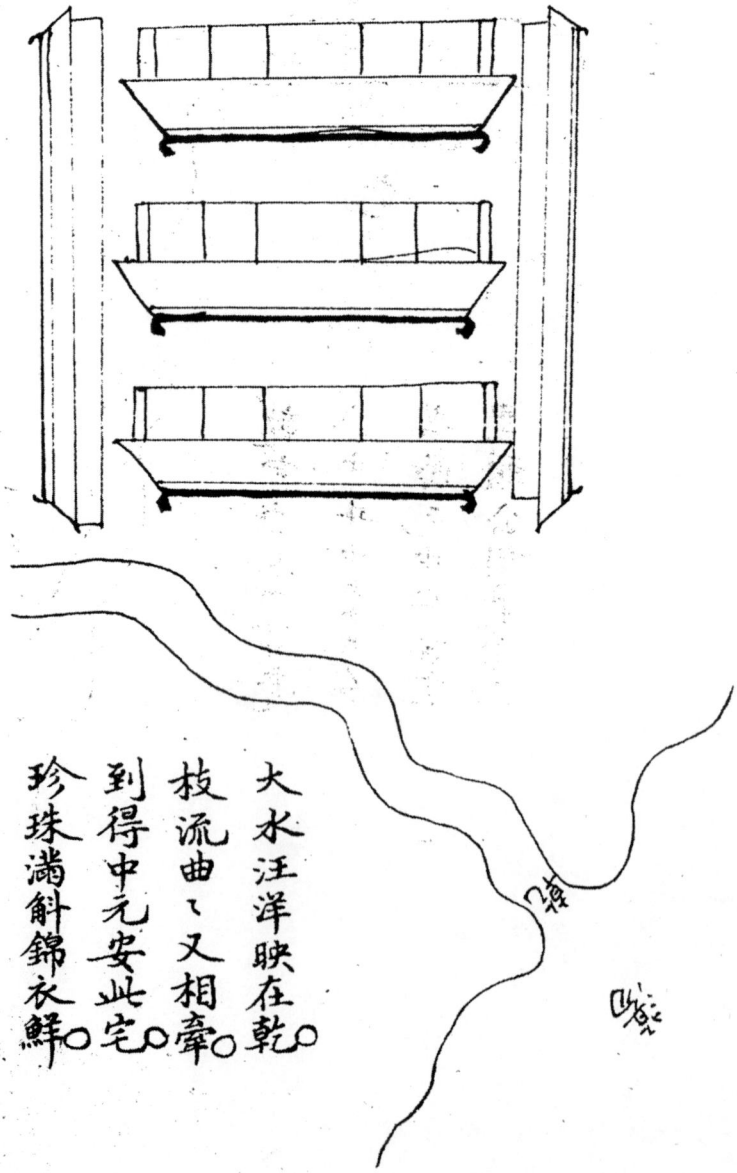

中元

巽宮曲〻見文星。
宅若迎之六白清。
此是中元花錦地。
少年鼎甲掌朝經。

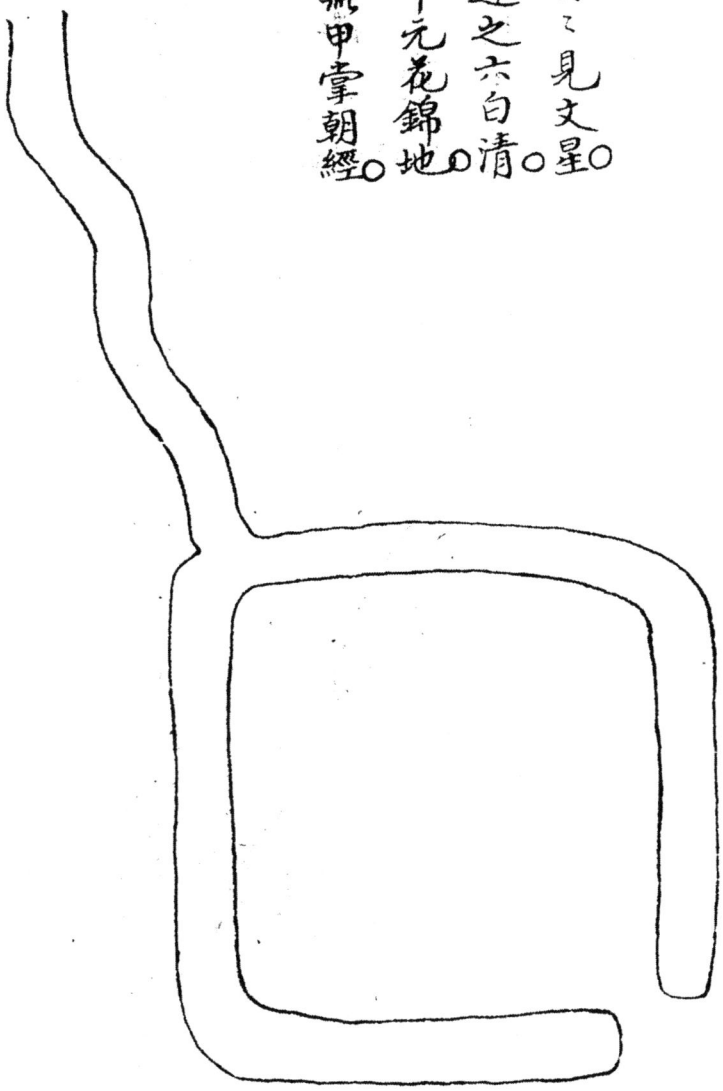

中元

一條巽水向乾流。
不怕通衢氣不收。
任是去來皆可宅。
中元卿相坐當頭。

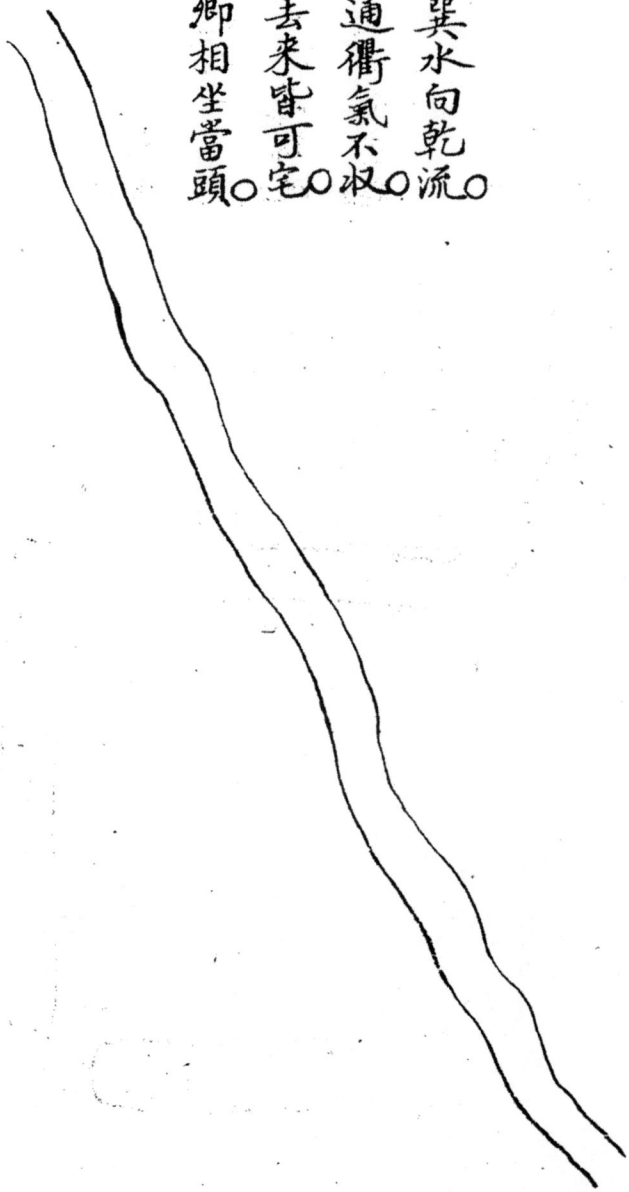

中元

五敖中黃水四環。
若圍三面亦同看。
此形獨旺中元內。
也要通風走四乾。

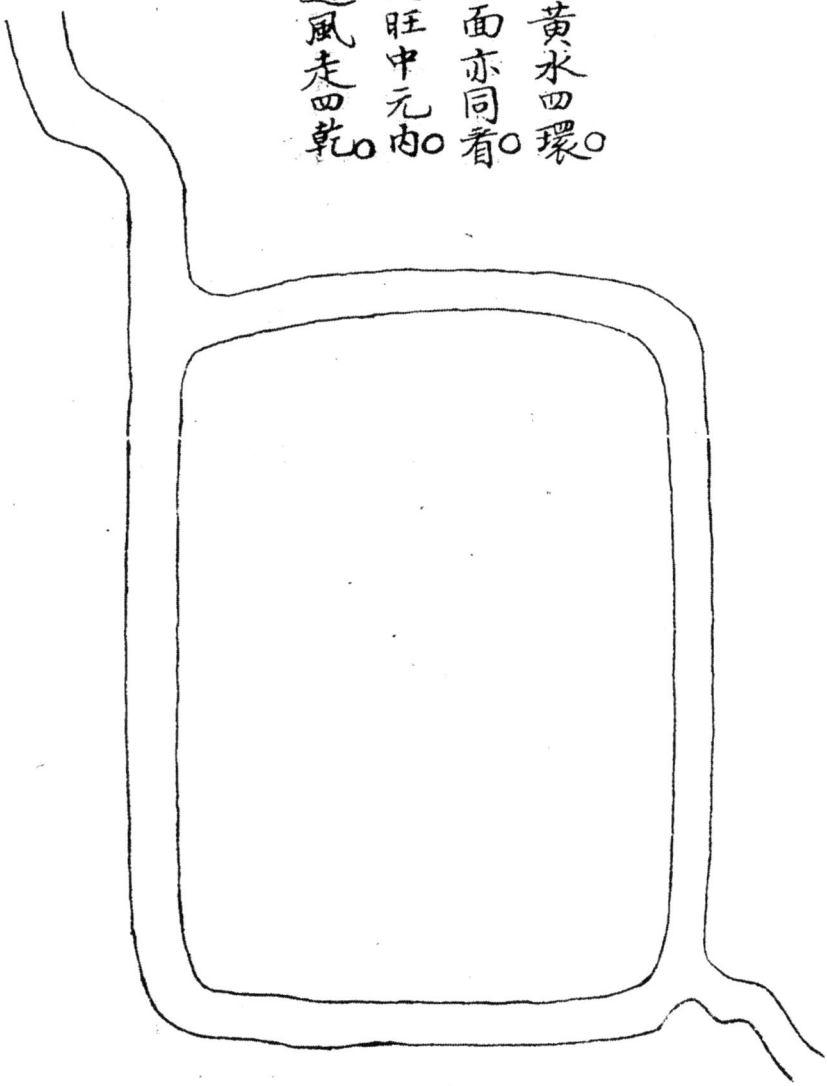

中元

汪洋巨浸四週圍。
中有浮牌土一堆。
亦是五黃真骨髓。
中元居此稱心懷。

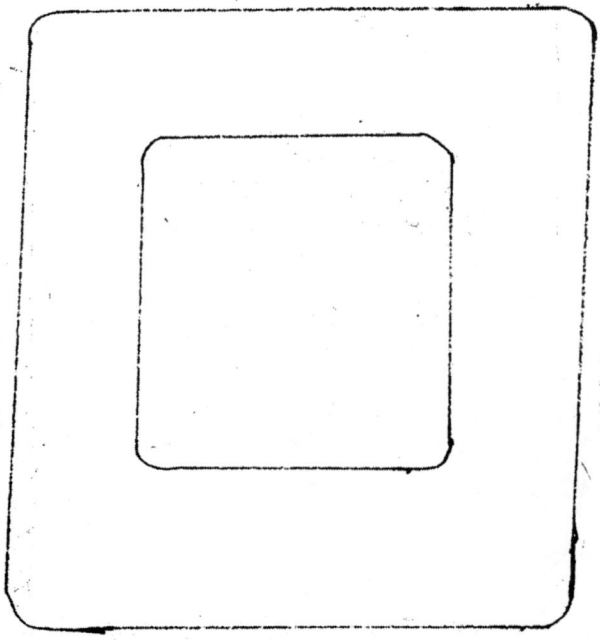

中元

大水茫茫乾巽方。
貼身遠照總相當。
中元宅此交乘旺。
富貴聲華不可量。

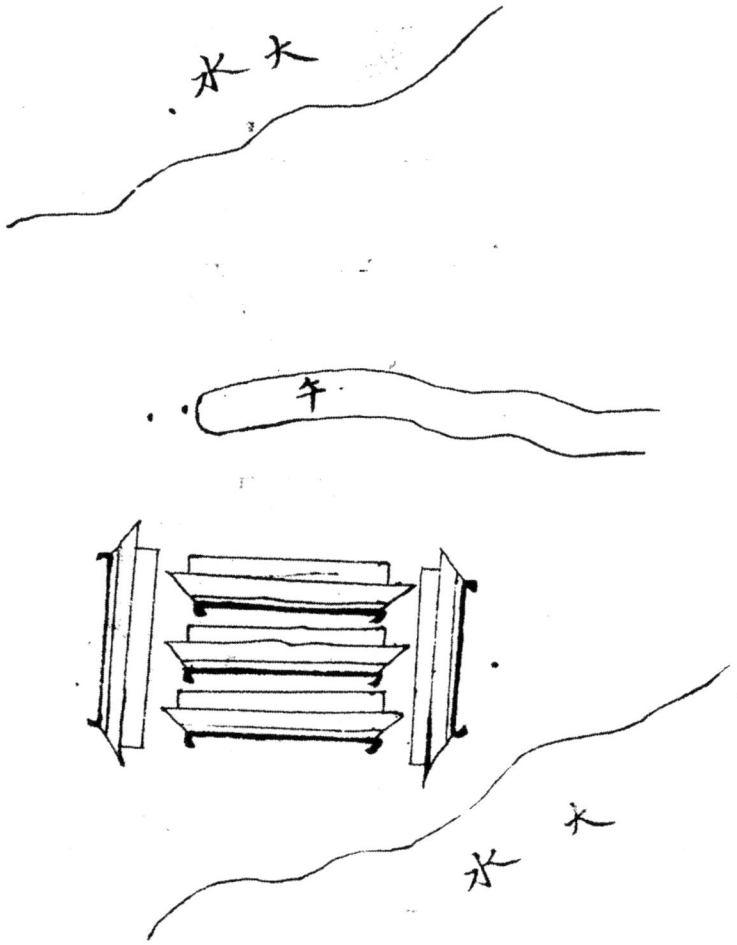

中元

四隅之宅有湖池。或在宅前或背之。俱合中元真旺氣。朝歌暮舞樂清時。

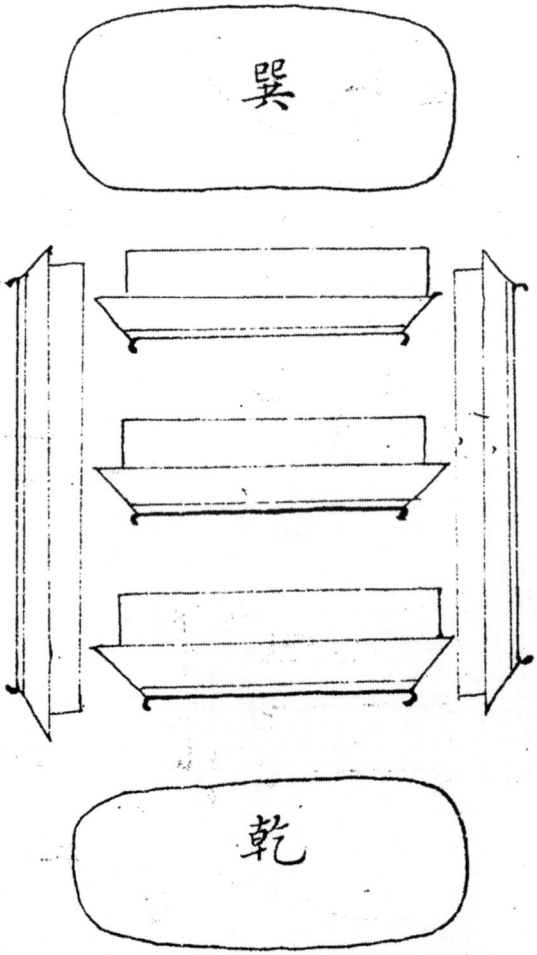

下元

震水枝流曲尺來○
源頭盡脉宅堪裁○
下元七赤龍居首○
一發驚人響似雷○

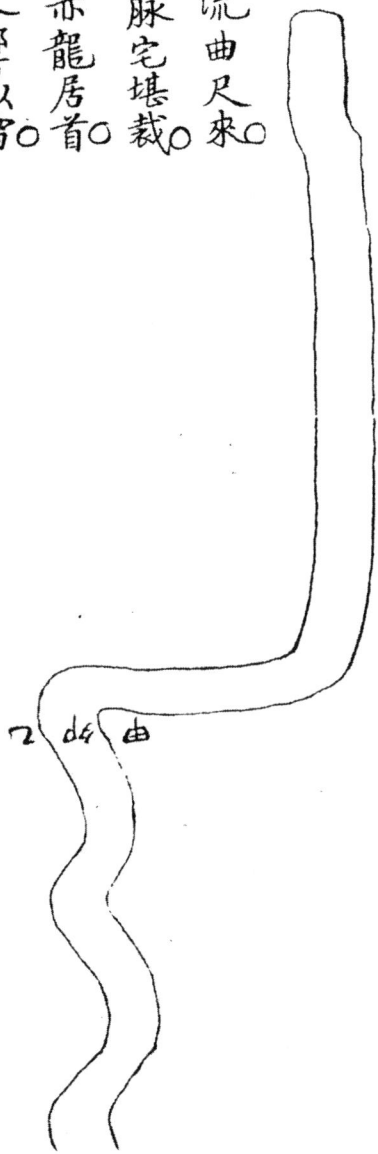

下元

震宮大水似滔天○
一滴元辰引宅邊○
此宅下元稱第一○
家如金谷位高遷○

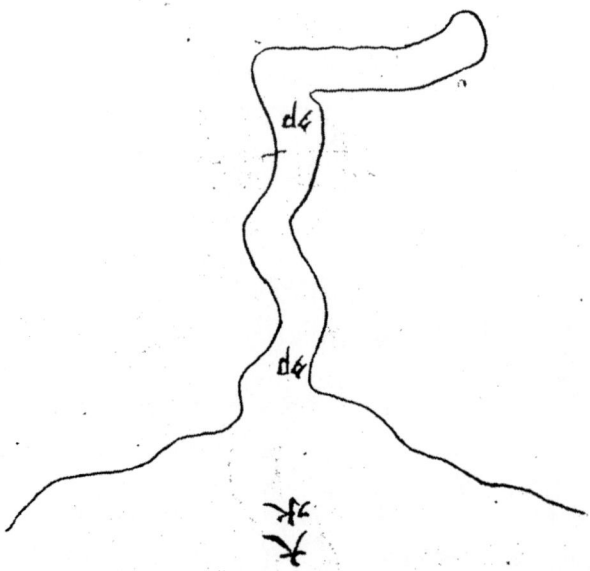

下元

左畔池湖在正東。
隨方立宅下元龍。
芝蘭滿砌倉箱實。
也有芳名達帝聰。

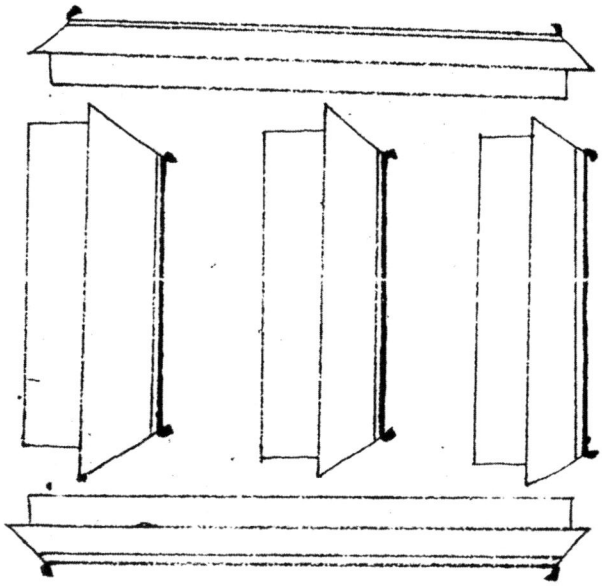

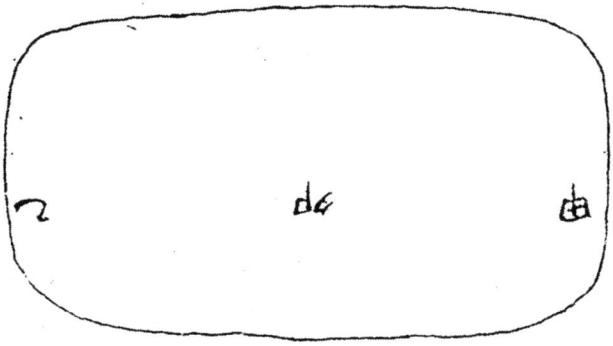

下元

滔〻逆水向西流。
有界方知艮氣收。
七赤元中乘旺運。
獨專權柄坐軍州。

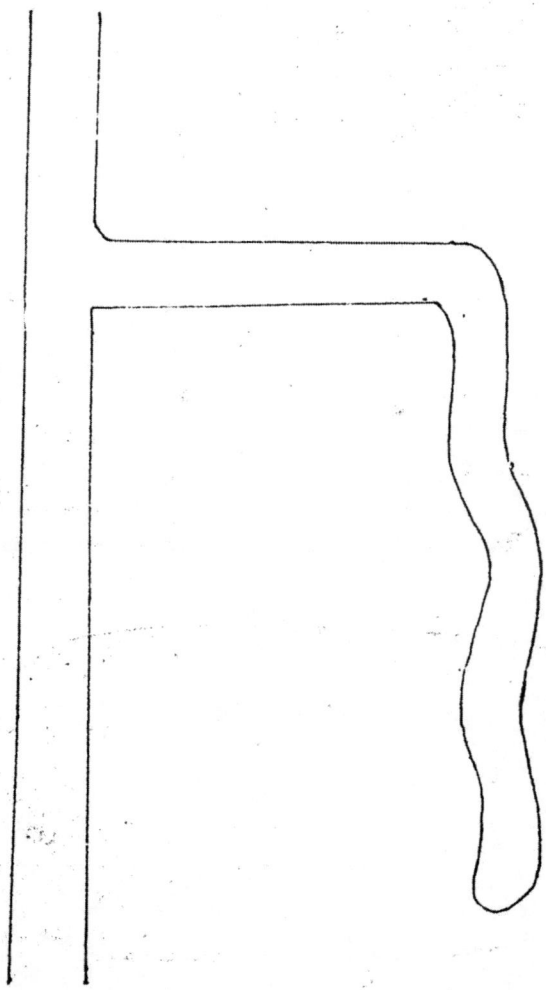

下元

蕩

水来坤卦入明堂。
窈窕多情艮脉藏。
八白元中龍變化。
風雲際會頌明良。

丙　午　丁

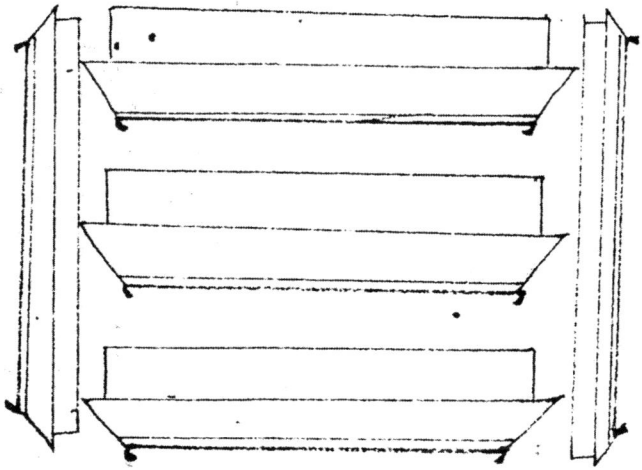

下元

蕩同上

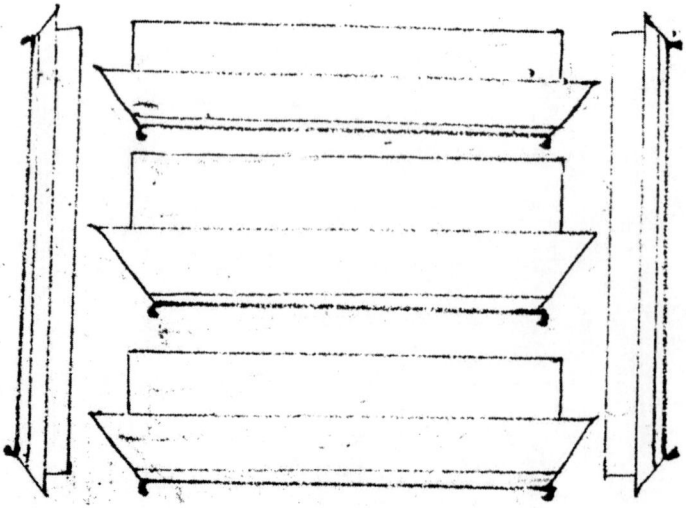

家秘本

下元

坤水滔〻入艮流。
宅邊繞抱喜回頭。
縱然不見交流抱。
也許高門擁上投。

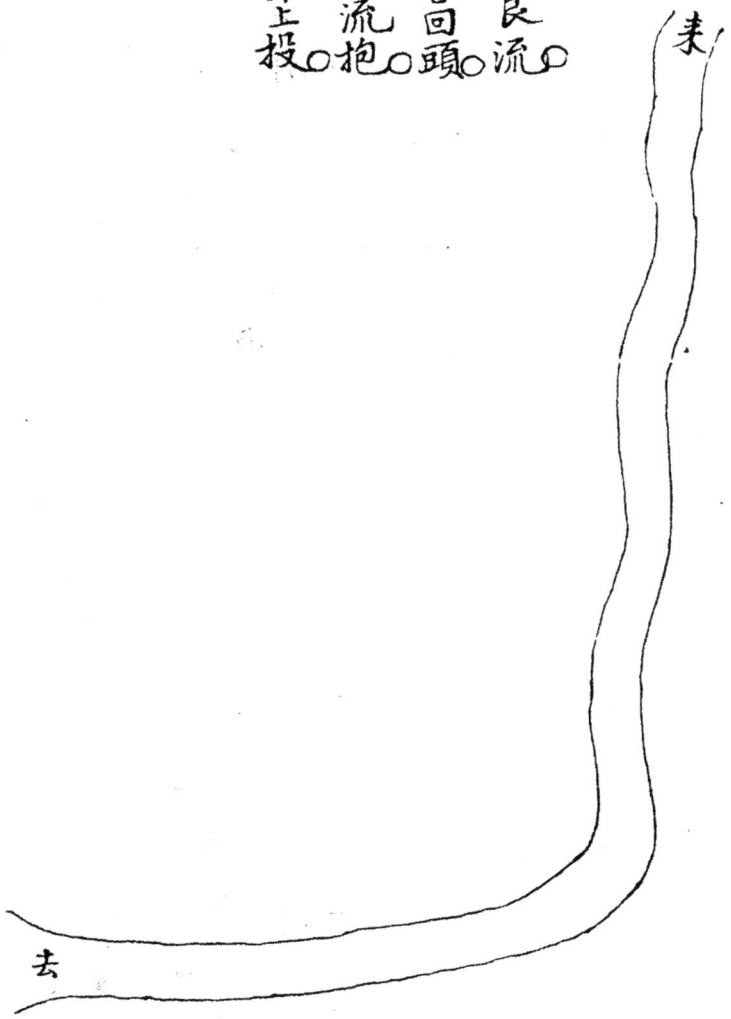

下元

四隅之地蕩居前。
向水安居艮脉全。
喜得下元居此宅。
丁財兩盛職高遷。

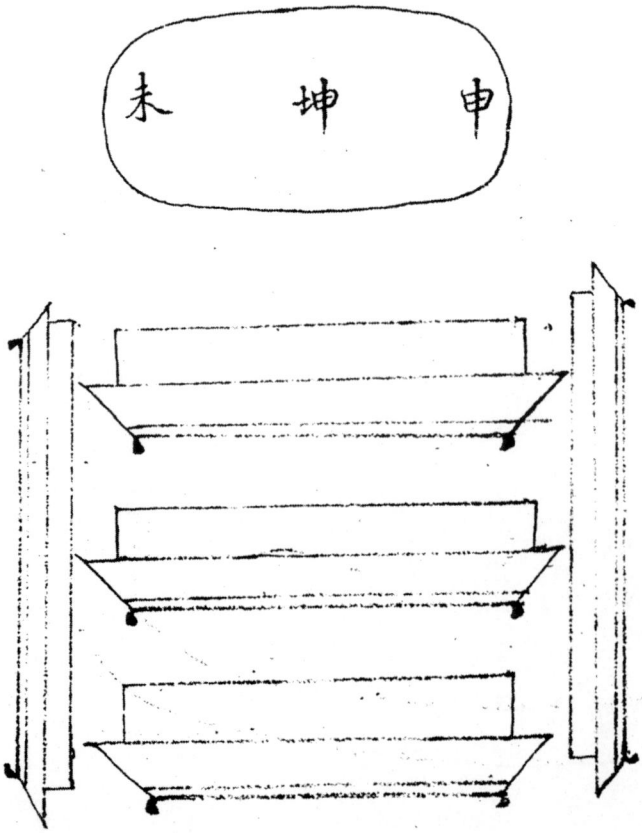

下元

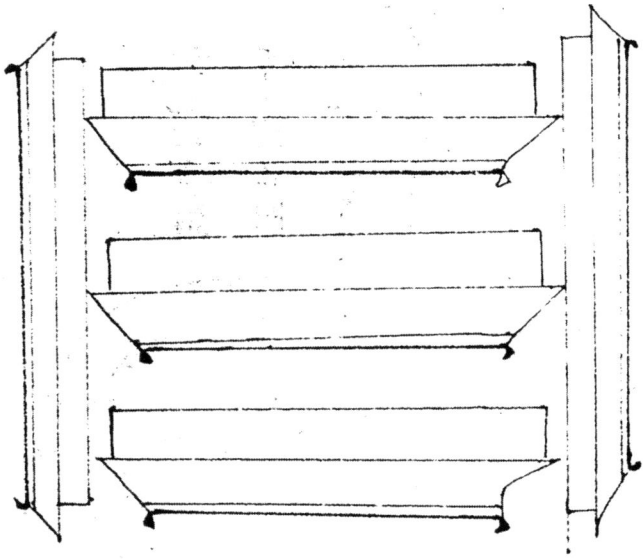

癸　子　壬

曲水瀠洄駐坎方○
離宮立宅下元良○
縱然白屋無門第○
一旦聲名四海揚○

下元

坎上湖光似雪翻。
更兼曲水抱其門。
此宅下元多顯貴。
自開阡陌廣田園。

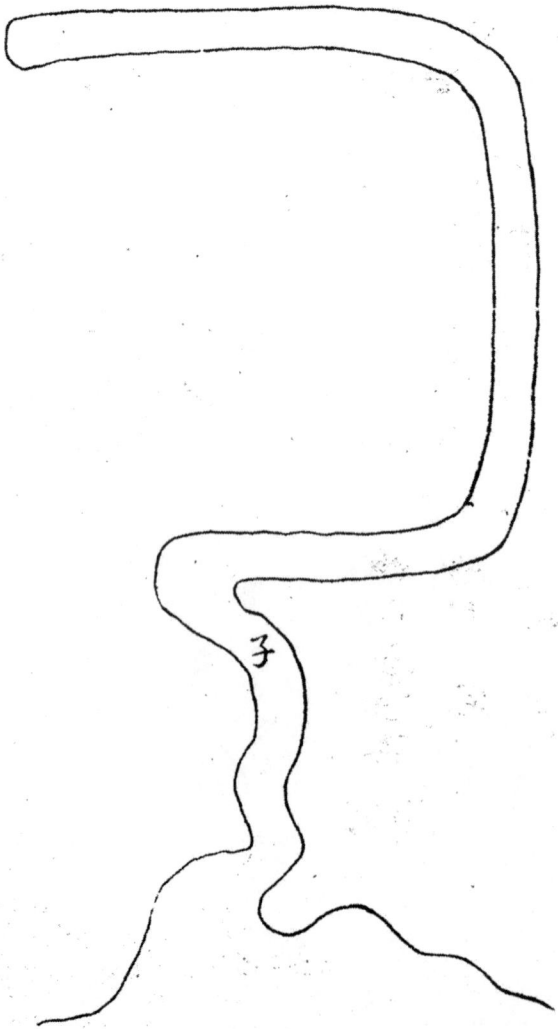

下元

坎上池塘屋後深○
氣鍾九紫聚天心○
下元門第崢嶸甚○
既擢高官又積金○

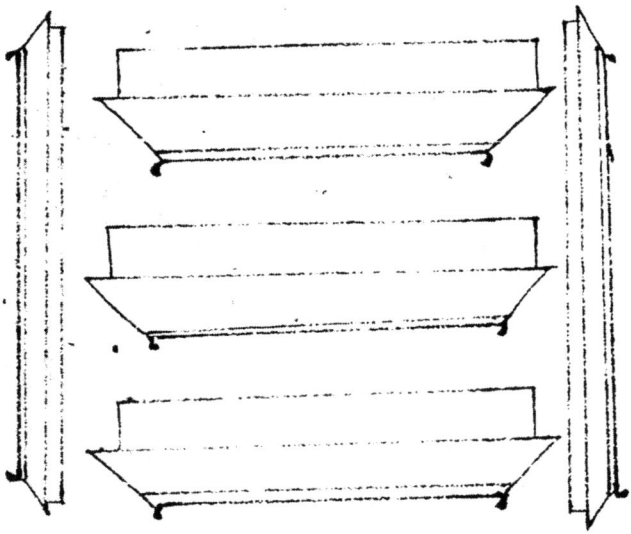

壬　子　癸

三元

二水離方入坎宮。
盡頭一宅住其中。
雙龍氣脉來相會。
安坐三元貴不窮。

宅

下元

二水同流坎上来○
傍南作宅是離胎○
下元一發如雷電○
兄弟雙〻近鼎台○

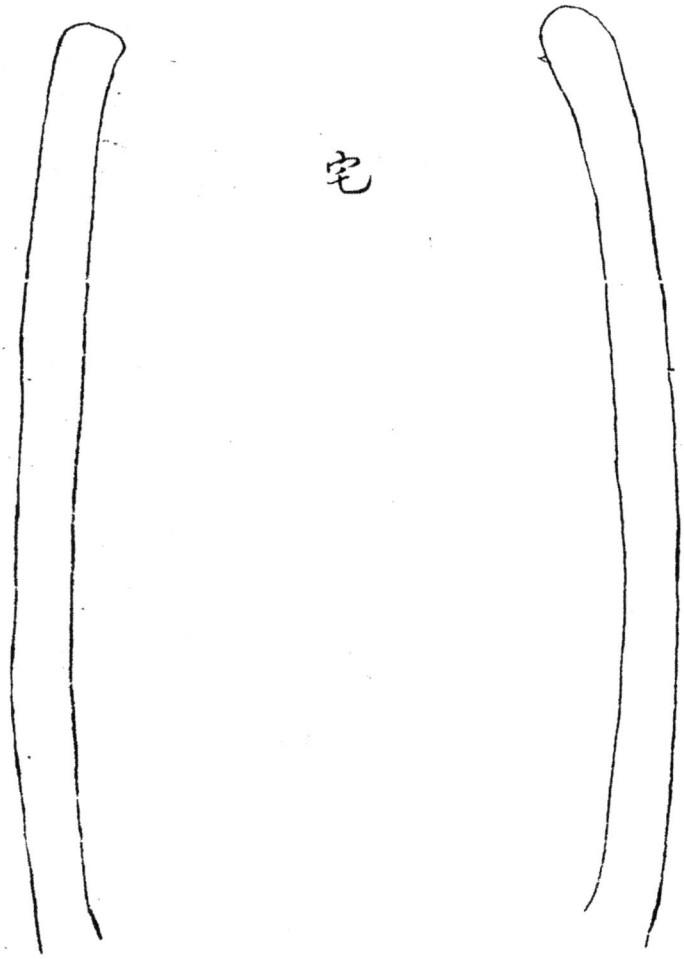

上元

中元

雙兌交流入震宮○

碧天真氣宅居東○

百二十年金紫貴○

祖孫父子受皇封○

三元

坎離之水
二龍交○
立宅中間
甲第高○
輪轉三元
無替謝○
兒孫世世
產英豪○

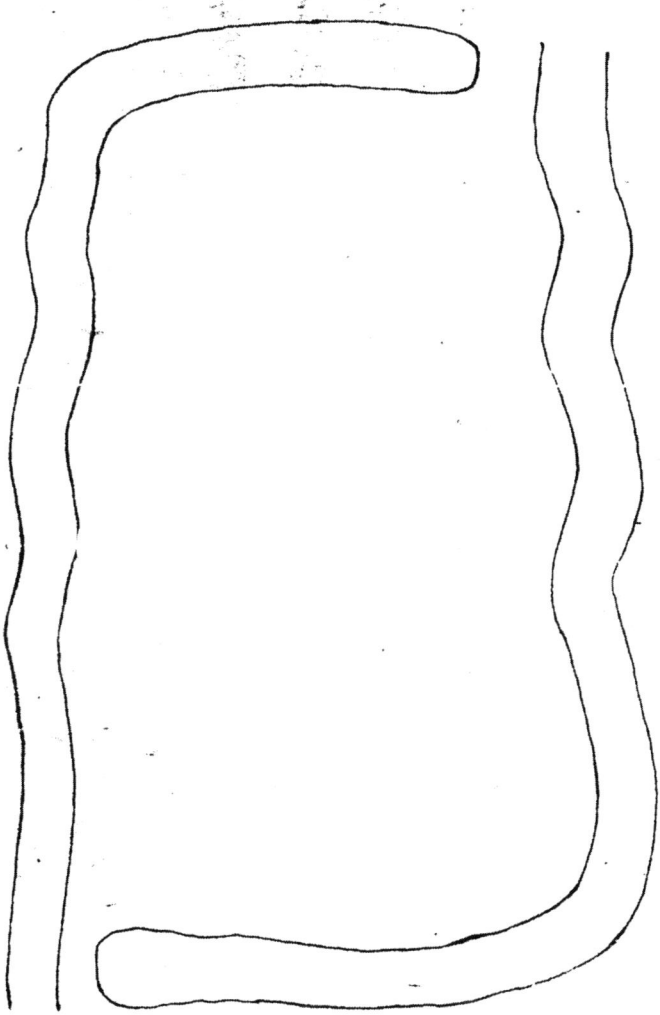

中元

二水交流是巽乾○
兩枝花蓋一時鮮○
運到滿門朱紫貴○
衰時片瓦不留椽○

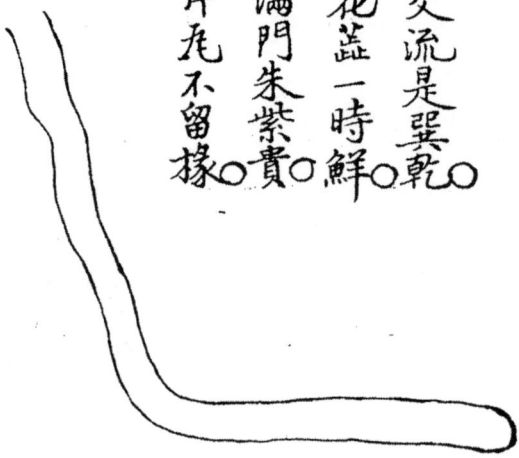

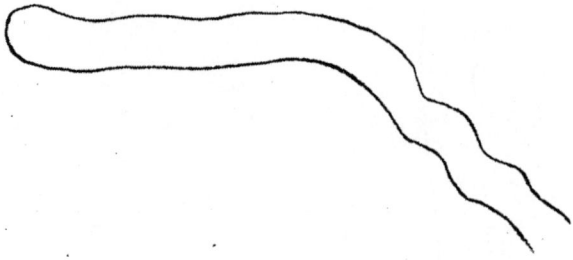

四水朝歸會四龍。居中作宅是仙宮。不分元運時。發子姓綿綿奕葉重。一室之內循環轉。寄語兒孫知檢點。若然地是四隅形。坎離震兌格各精。

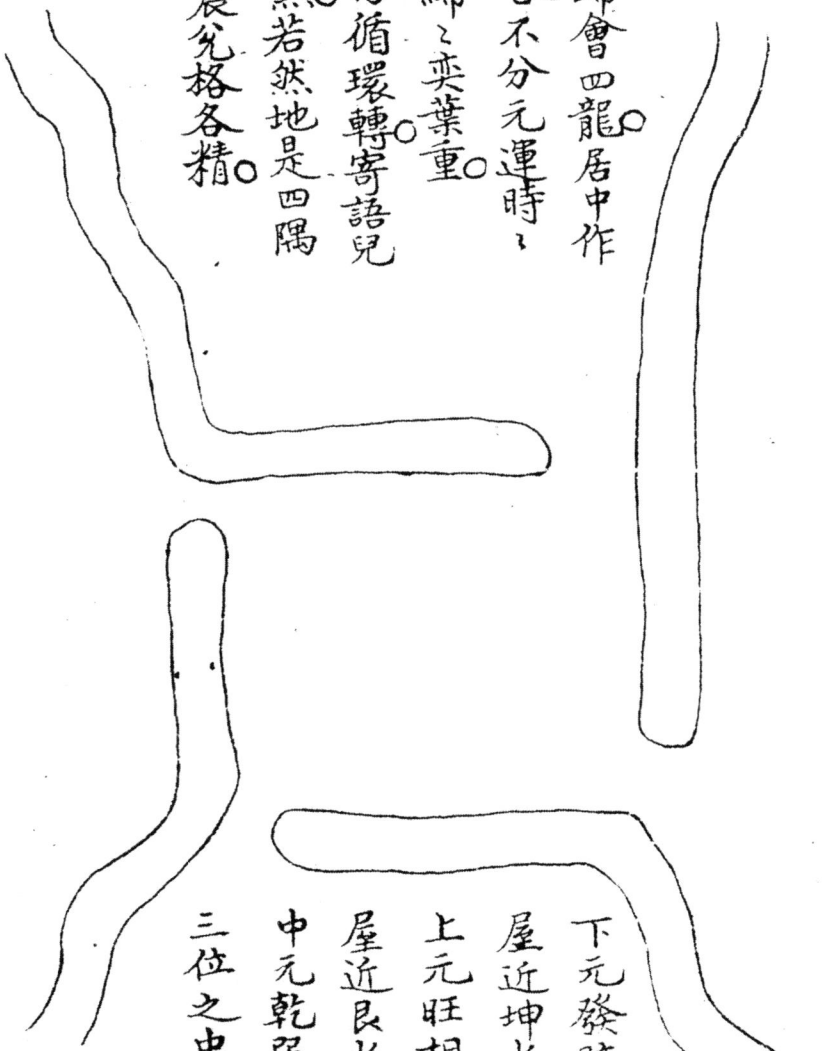

下元發跡在西南。屋近坤水艮氣酣。上元旺相在東北。屋近艮水二黑足。中元乾巽與中宮。三位之中瑞氣濃。

巽水迢〻六白龍。後湖九紫
氣還鍾。前宅中元卿相貴。下
元後宅慶財豐。
我為指出雙龍格。一宅之中
分順逆。其中趨避有玄機。八
卦看來理如一。

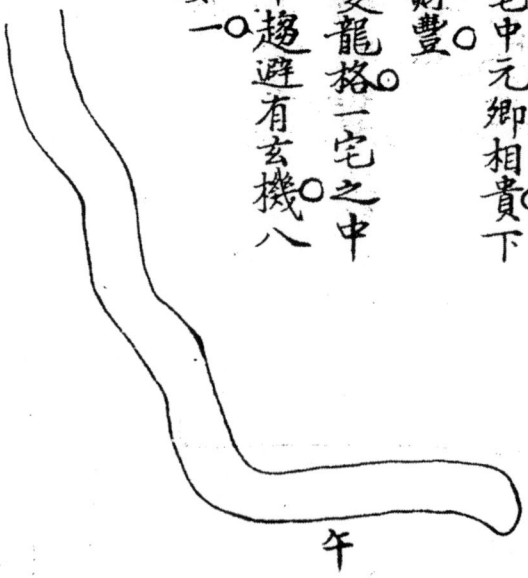


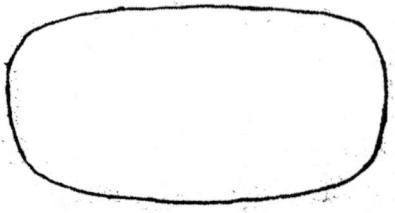

離宮丁水字兼未○
行到下元滿富貴○
此宅三元永不衰○
微〻左右分宮位○

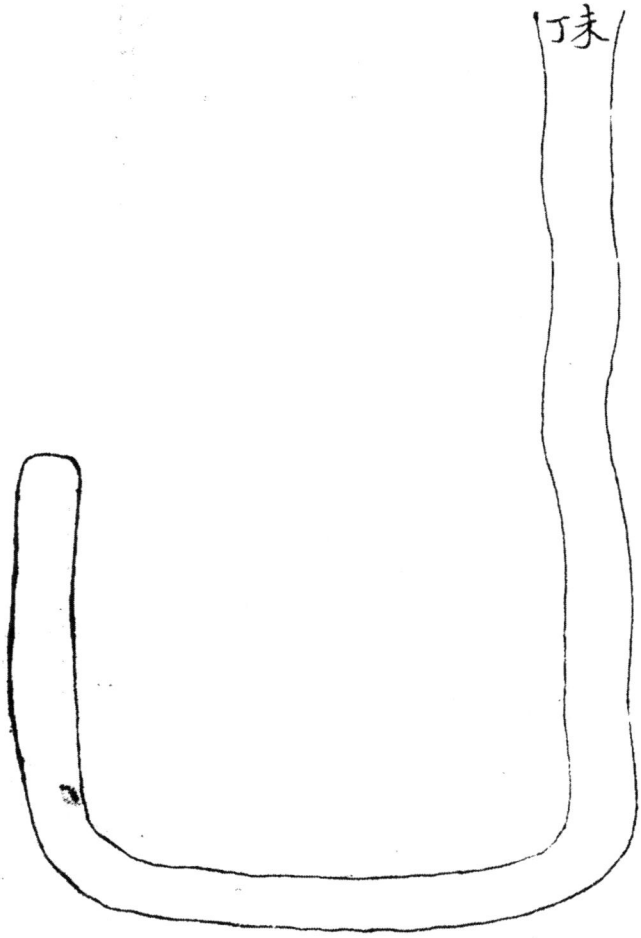

離宮曲水是兼巳。行到中元貴無比。下元衰氣四十秋。官秩無聞宅半毀。

我為指出分龍法。八卦方隅同此訣。此中秘密不宜傳。留與兒孫作寶筏。

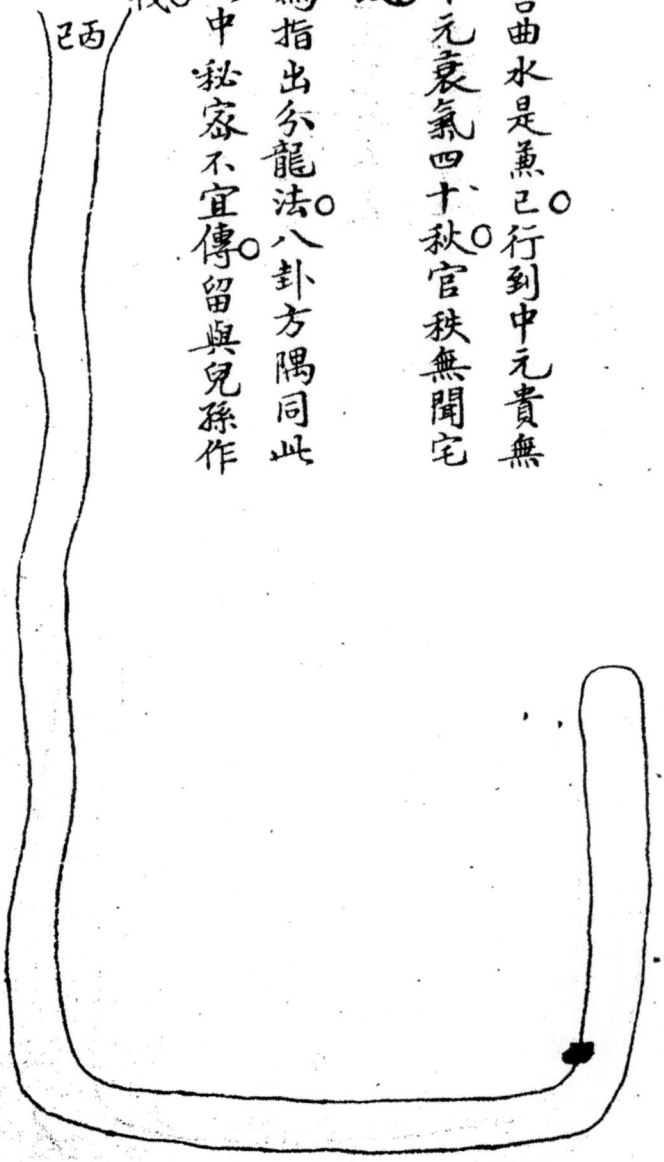

# 傍城立局論宅法

高城一道巽方圍。
萬户千門乾氣歸。
若是中元居此宅。
門前車馬日騑騑。

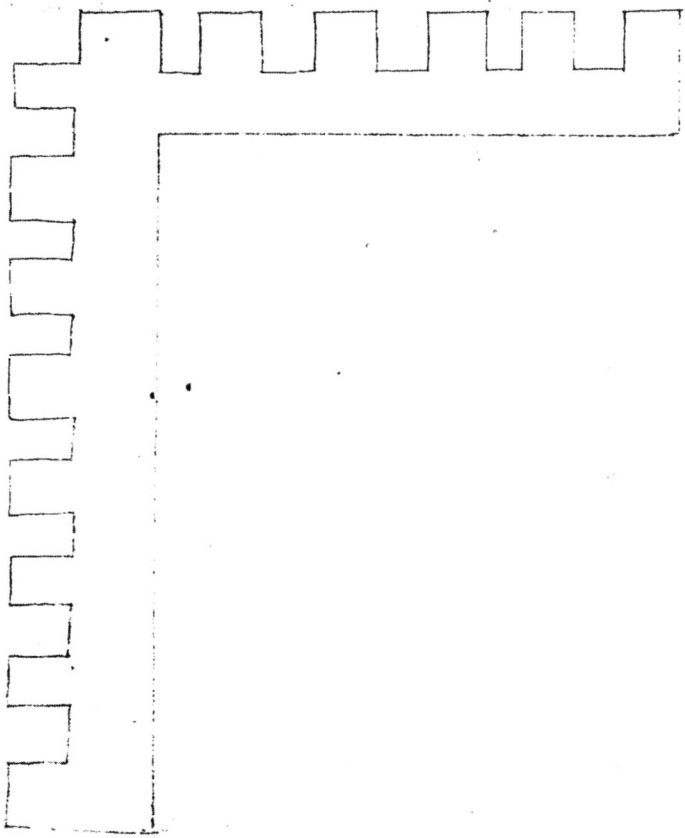

中元

滿洲正黃旗漢軍祝壽

下元

睥睨環連過在坤。
滿門旺氣艮方屯。
下元宅此真瑰瑋。
不中魁元位也尊。

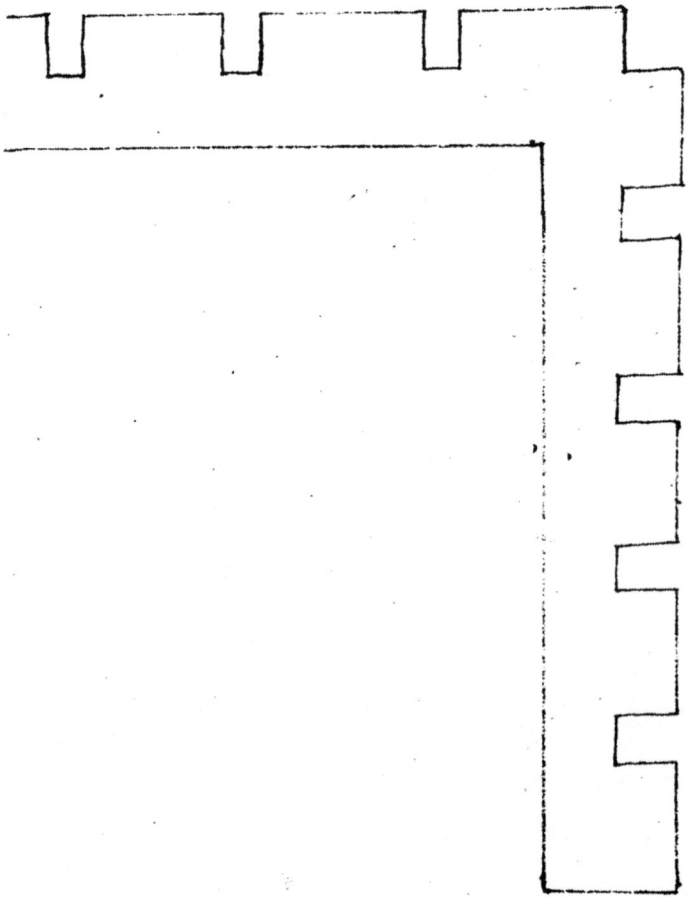

# 傍隣借氣論宅法

一帶高房壓在離。
人言蔽塞太陽微。
誰知坎氣擋攔足。
一白元中作旺推。

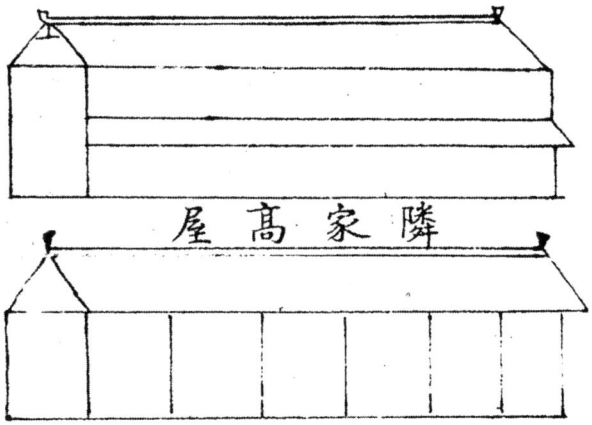


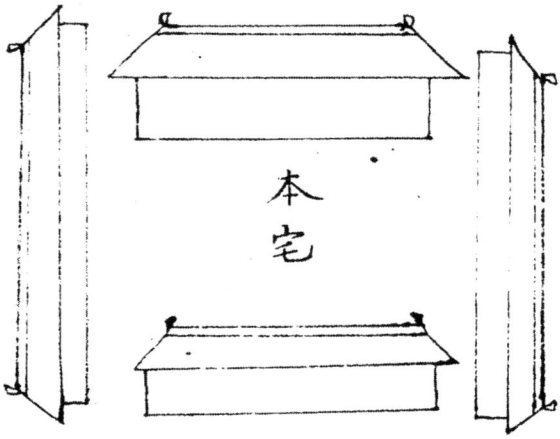


上元

藜照堂傳

下元

西南隣宅有高樓。
靠彼低房艮氣收。
此宅偏宜下元運。
安居樂業日休休。

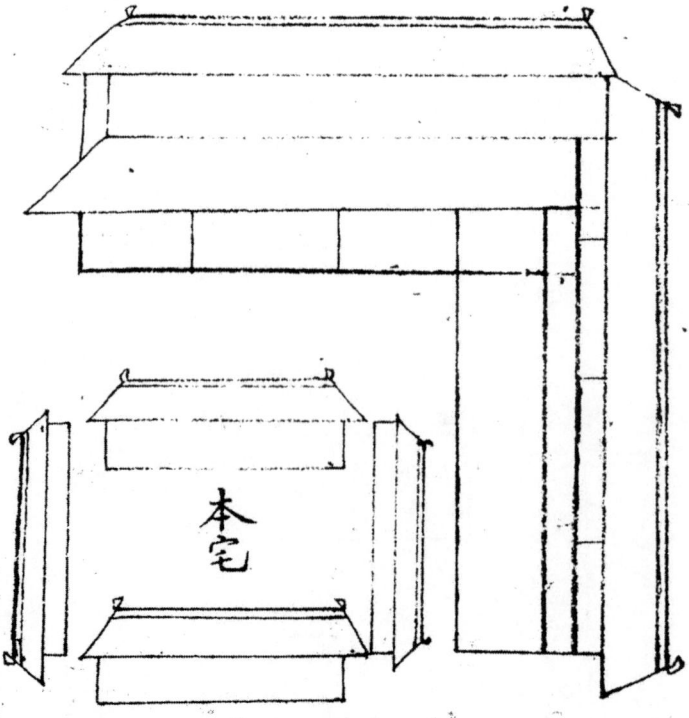

# 開風引氣論宅法

巽坤遮蔽正南開。
蕩〻離風拂面来。
下元宅内多興發。
縱不三公也長財。

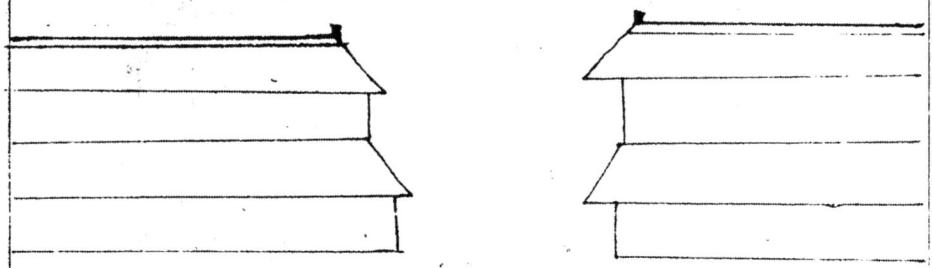

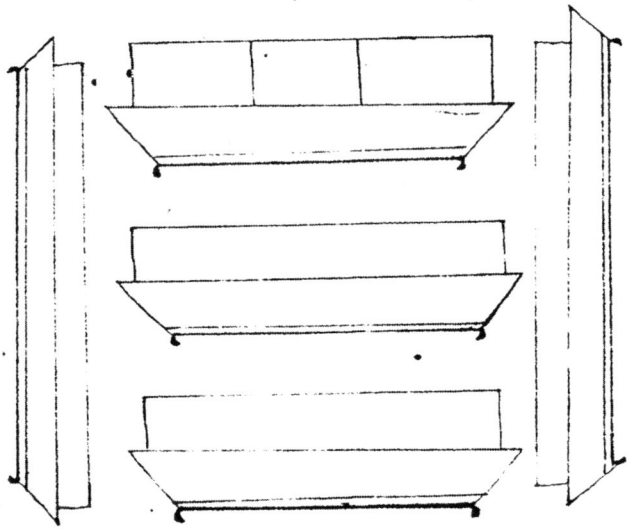

下元

上元

宅

離兌重重獨漏坤○
黑風吹到我家門○
上元宅此真天相○
財祿頻添旺子孫○

## 衢路論宅法

街衢直過兩頭平○
誰見喧闐不動情○
此局無從生禍福○
另尋別事去題名○

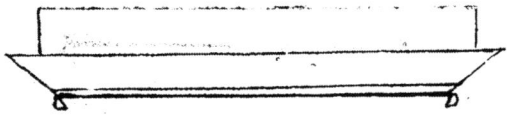

下元

曲尺街衢家〻封。
西南兜緊不通風。
住宅正當坤角上。
氣鍾八白下元龍。

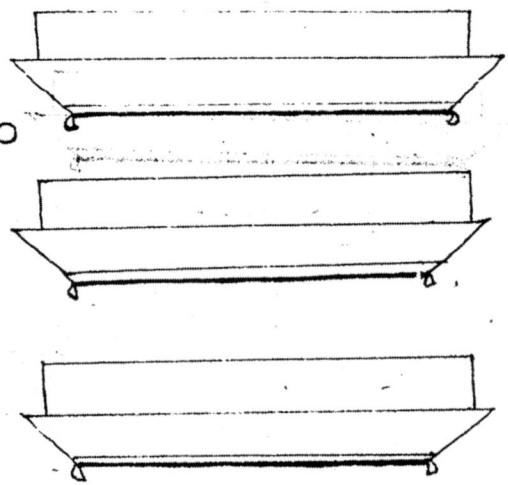

後覺子曰、隅隅之宅。移步換宮。即就此宅而論。東半宅與西半宅有別。前帶與後帶有別。東南角與西北角有別。蔣公此詩。是論此宅大勢。學者當從天元歌歸厚錄指南篇細〻理會。斯自得之。若一拘泥。便失蔣公本旨。

比屋連甍城市間。
其中街道細推研。
冲来宅首龍神動。
若向東南作巽看。

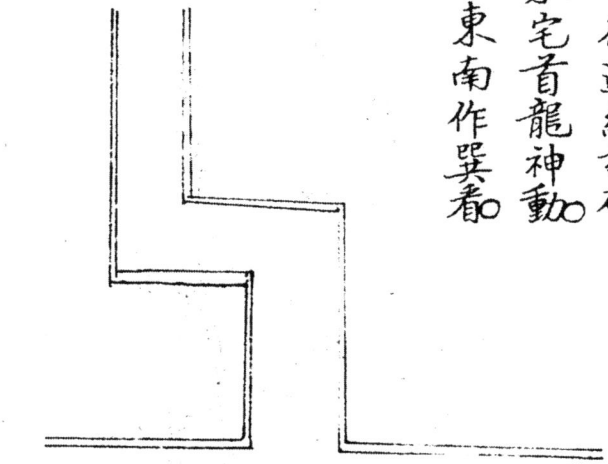

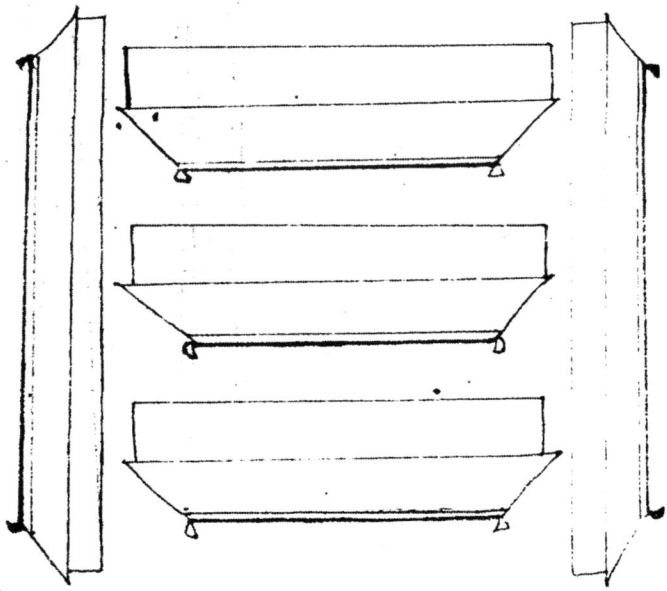

一直横街本静垣。
其間微見曲斜湾。
若来坤位人朝象。
開户迎之發上元。

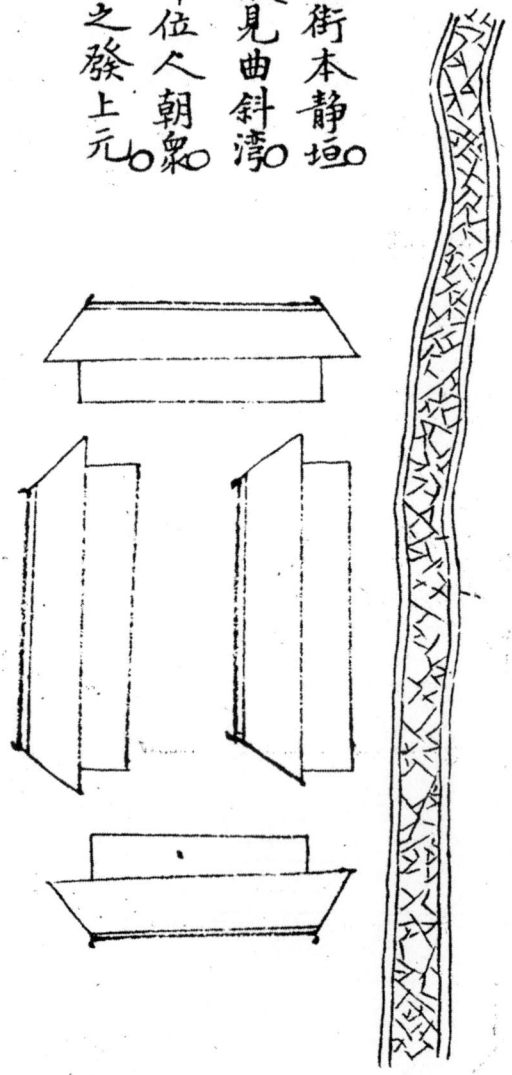

# 橋梁論宅法

木石橋梁壓在離。
莫言朱雀有災危。
當門冲激龍神動。
七赤元中事宜。

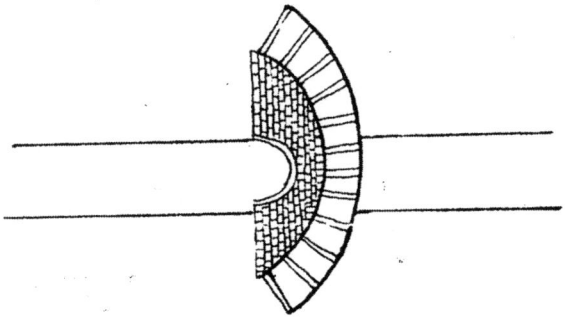

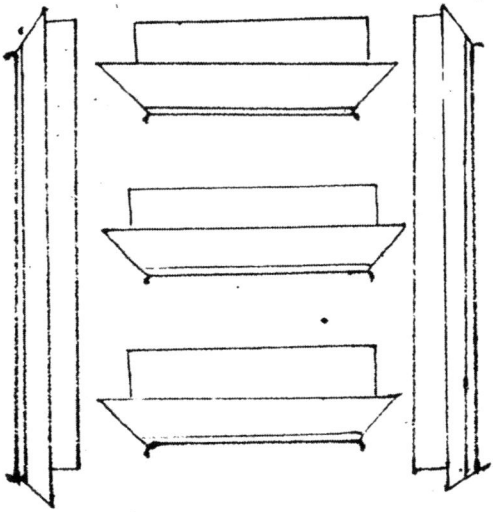

藜照堂傳

# 依山立局論宅法

坎上低〻一小山。
不須千仞也闌欄。
若然高捕青雲上。
此宅真離發下元。

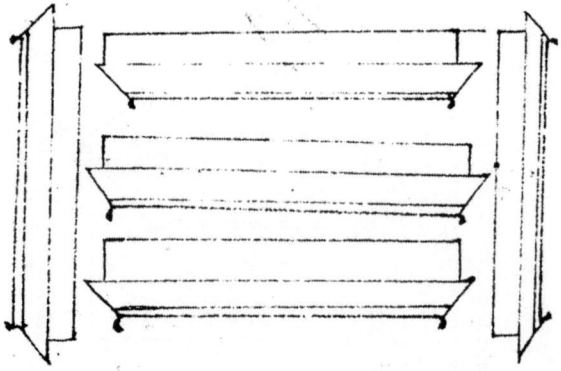

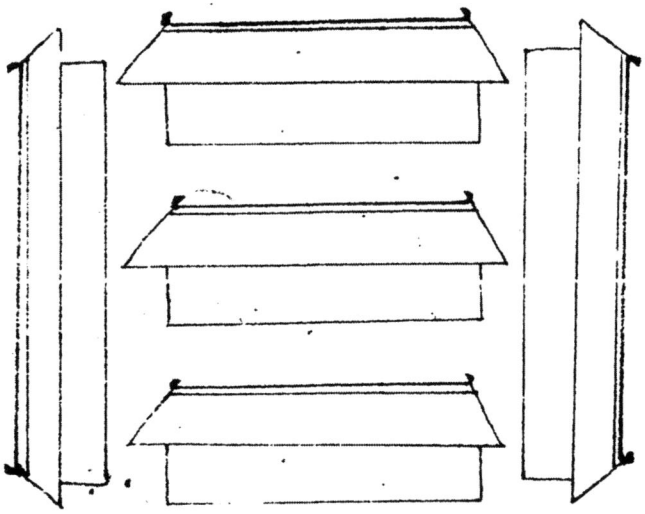

高山一帶在離方○
山下村庄處〻強○
若少別星来破損○
三元常自享安康○

朝山近宅旺中元○
八白行来最不堪○
若是高峰興廢大○
縱然低小也須看○

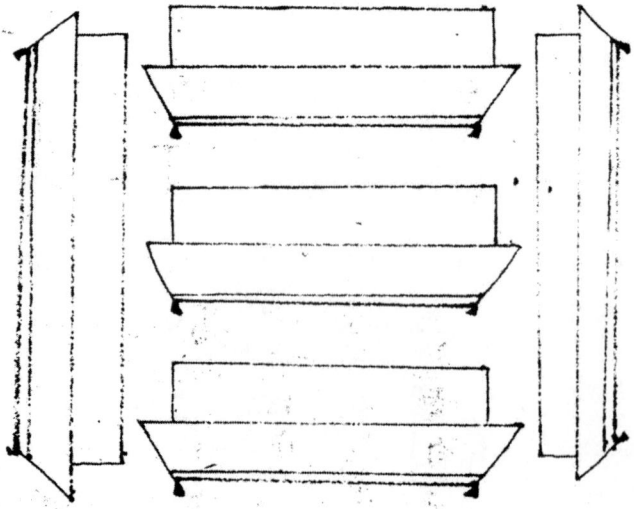

# 山宅風門論宅法

山勢周圍似洞天
獨開坎上接人烟
此中便是神仙宅
不識人間晉魏年

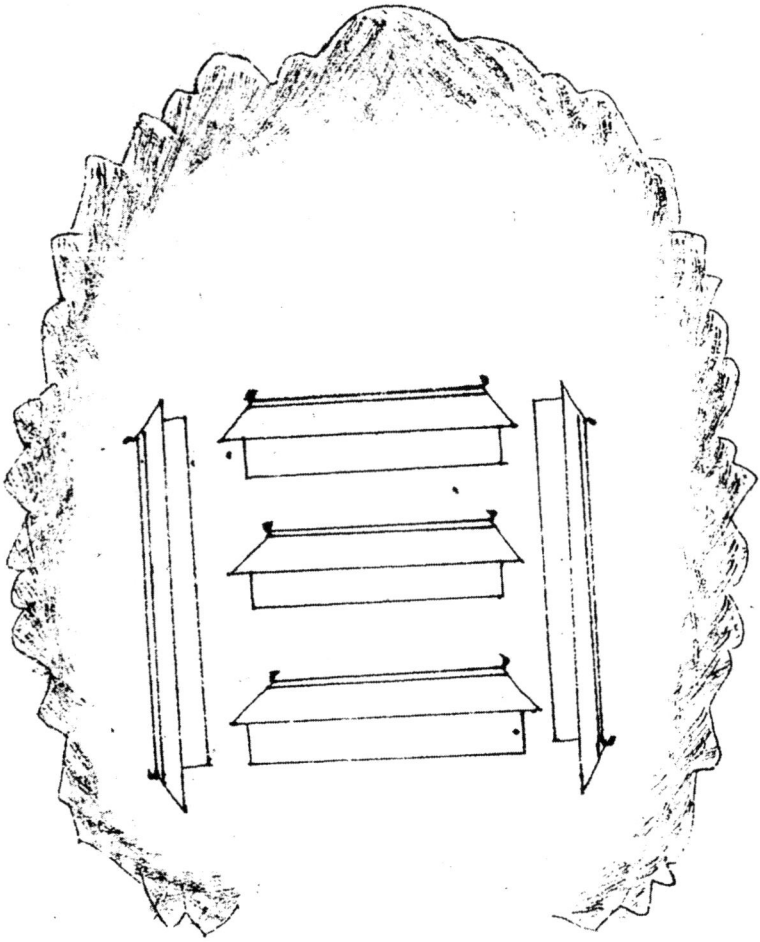

山路通風在巽隅○
看来也是列仙居○
中元享盡人間福○
七赤輪迴作廢墟○

一白宮九紫風多死氣福何涯

八廓周圍玄圃仙
離方開敞見青天
下元值此真瑤島
只恐衰時有變遷

重巒疊嶂掛丹梯。
四顧雲封仙路迷。
坤地纔通車馬跡。
下元畧見減容輝。

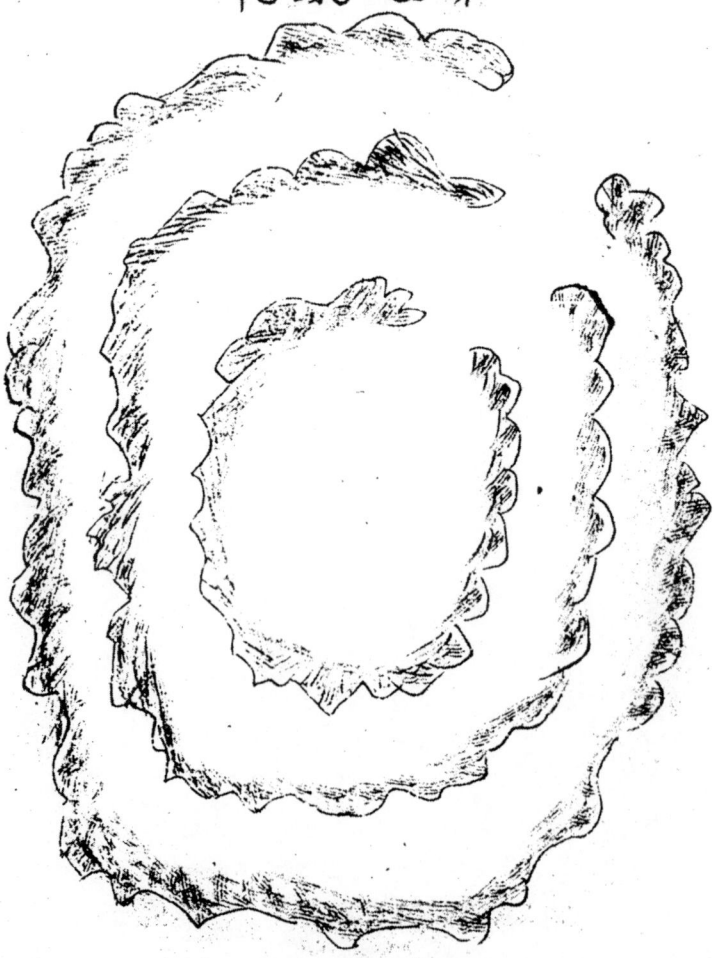

家秘本

四面山圍不漏風○
獨於乾位見低空○
此山但喜中元宅○
赤白相交怕失踪○

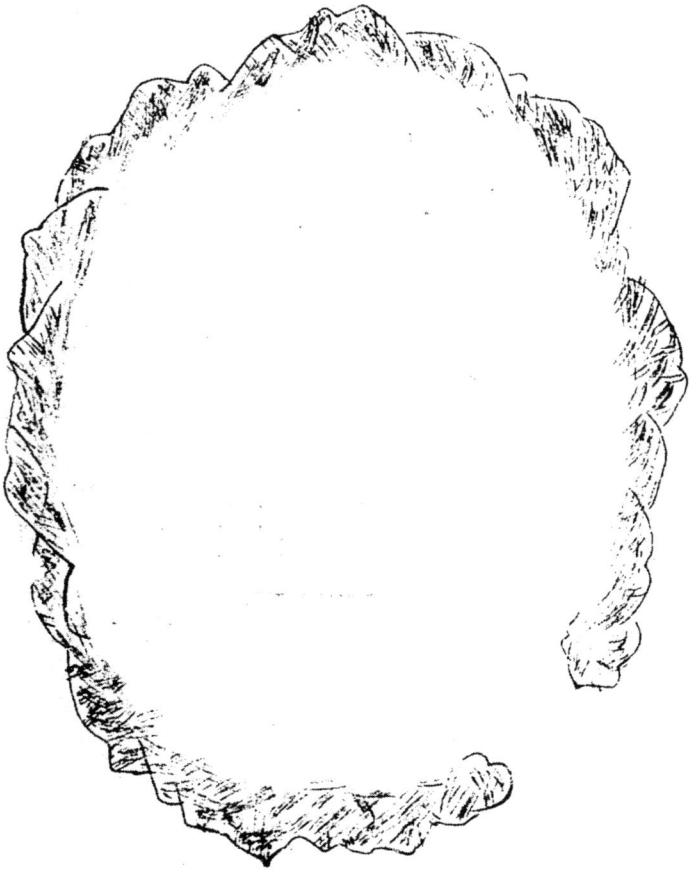

左右吹来两路風。巽坤雙氣入仙宮。上中百二千花發。運到衰時逐斷蓬。宅若居中两氣平。倘居山角又移星。左受坤風巽不到。右冲巽氣坤不侵。我為指出分風法。趨避之間看審情。

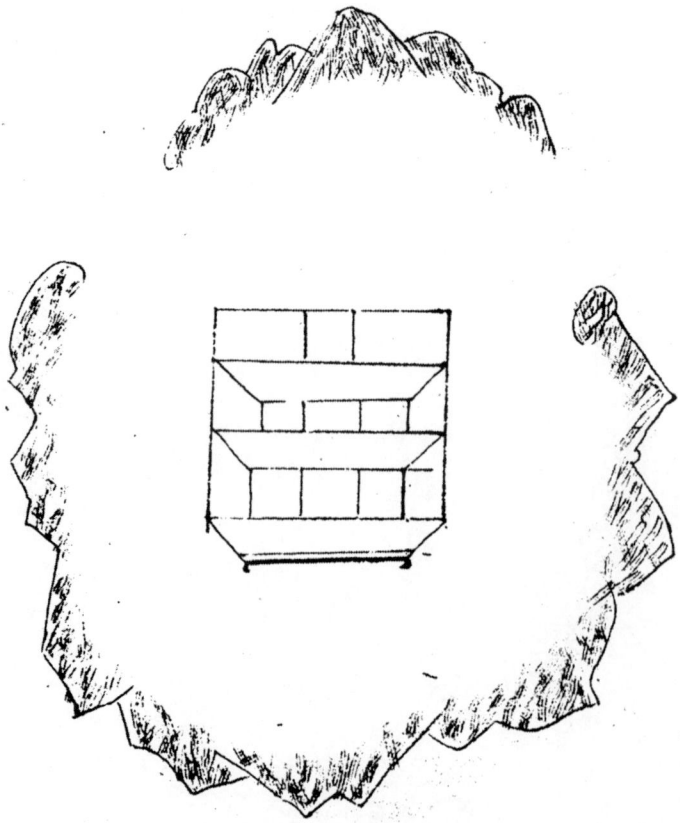

諸山列嶂錦為城。
城內開洋廣且平。
若曉依山安八宅。
得元得運逐時興。

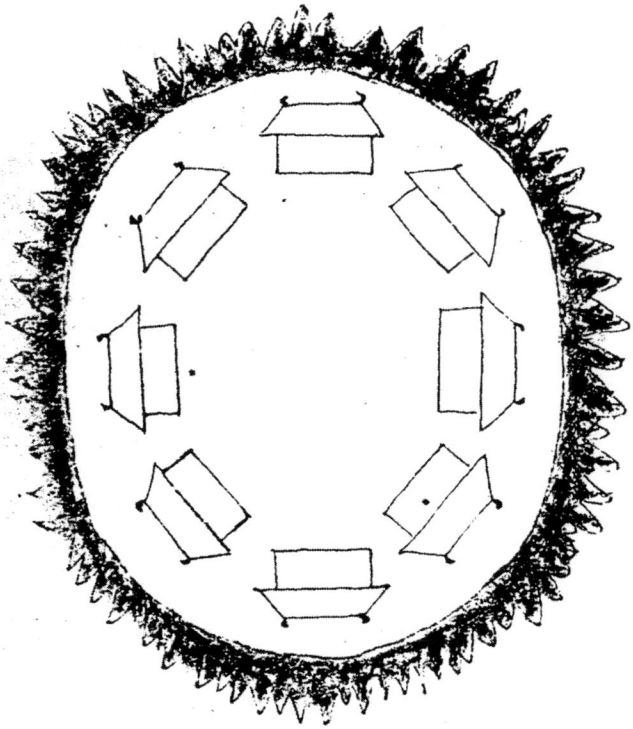

左右吹来兩路風。巽坤雙氣入仙宮。上中百二千花發。運到衰時逐斷蓬。宅若居中兩氣平。倘居山角又移星。左受坤風巽不到。右冲巽氣坤不侵。我為指出分風法。趨避之間看審情。

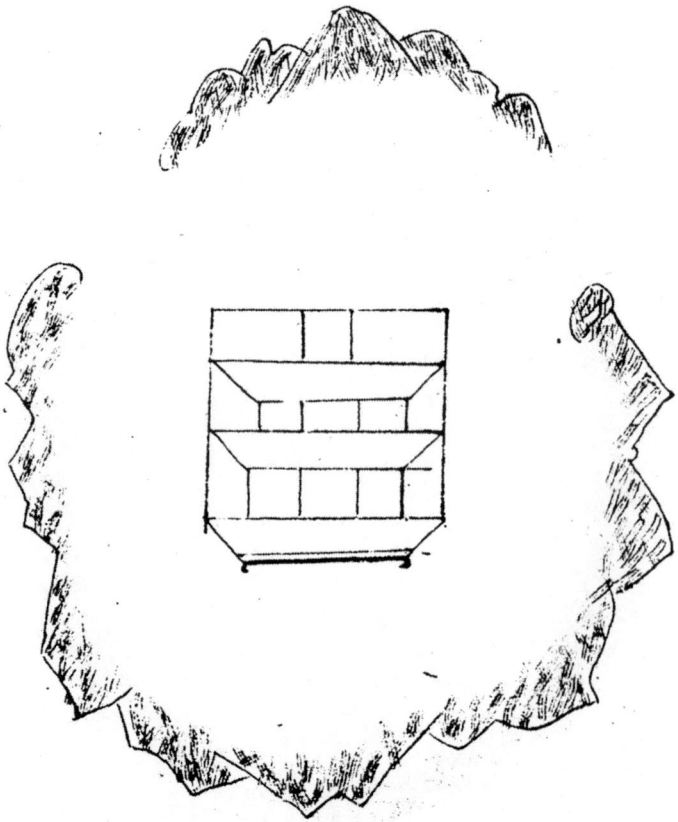

諸山列嶂錦為城。
城內開洋廣且平。
若曉依山安八宅。
得元得運逐時興。

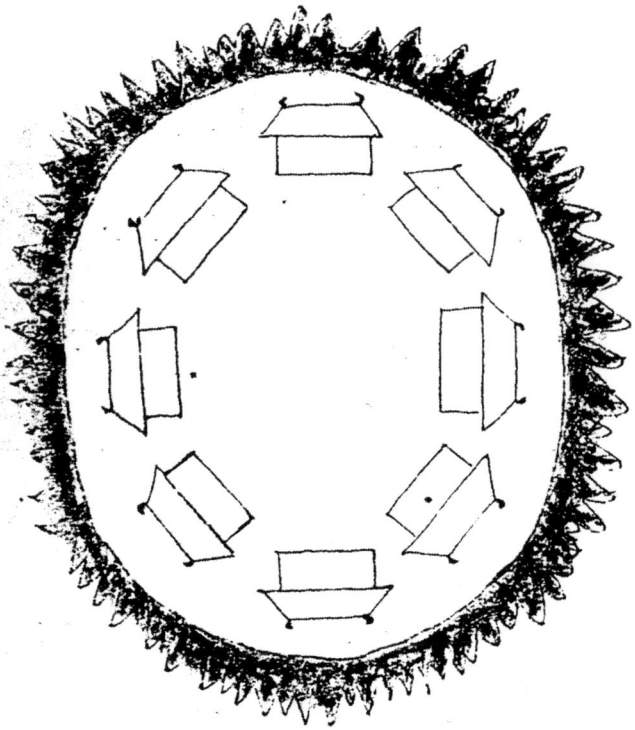

山水相兼論宅法

坤山一帶直　排巽水滔
滔遶抱來中下二元多發
福上元一見剩寒灰

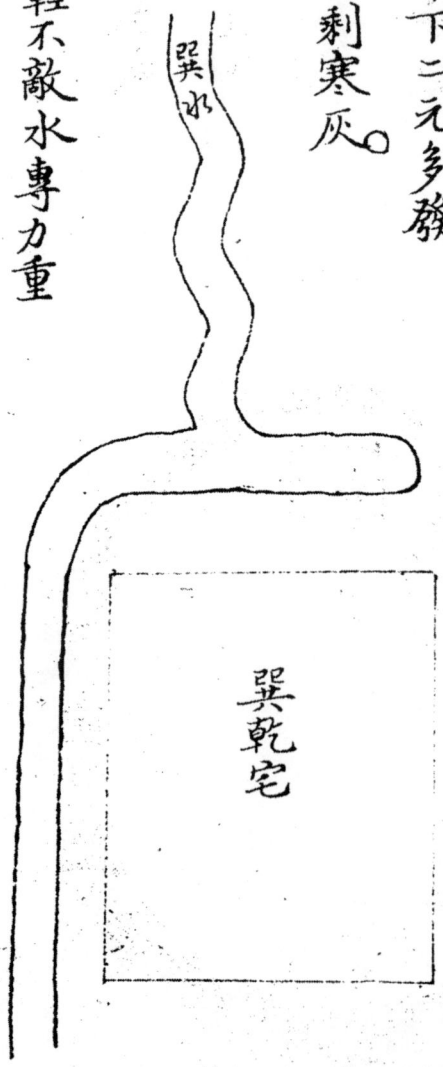


此局山散氣輕不敵水專力重

四山圍住旺離風。
水出東南巽氣通。
還是下元全盛日。
縱餘瑕玷可消融。
此局山風旺水氣短

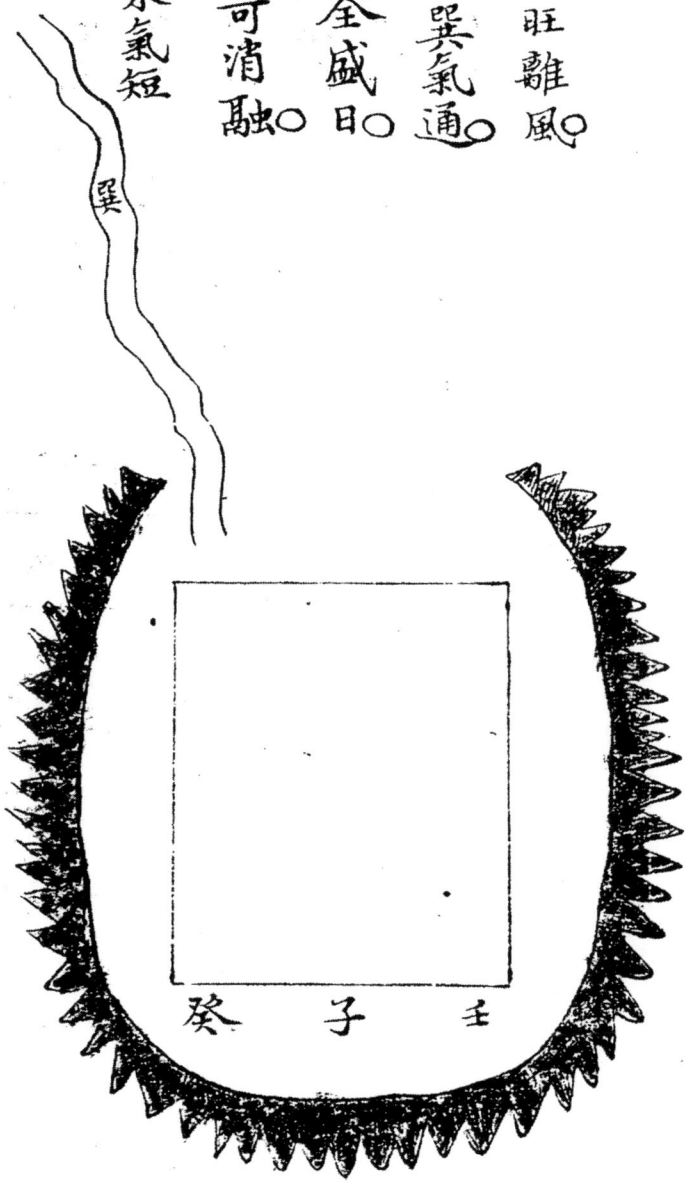

## 方隅邊際迎風論氣法

比屋連甍大宅通。
或居曠野或城中。
八方俱有分風路。
須向三元細審踪。
角掛東南風受巽。
若然東北艮風吹。
再將門路來相引。
參錯毫厘辨吉凶。

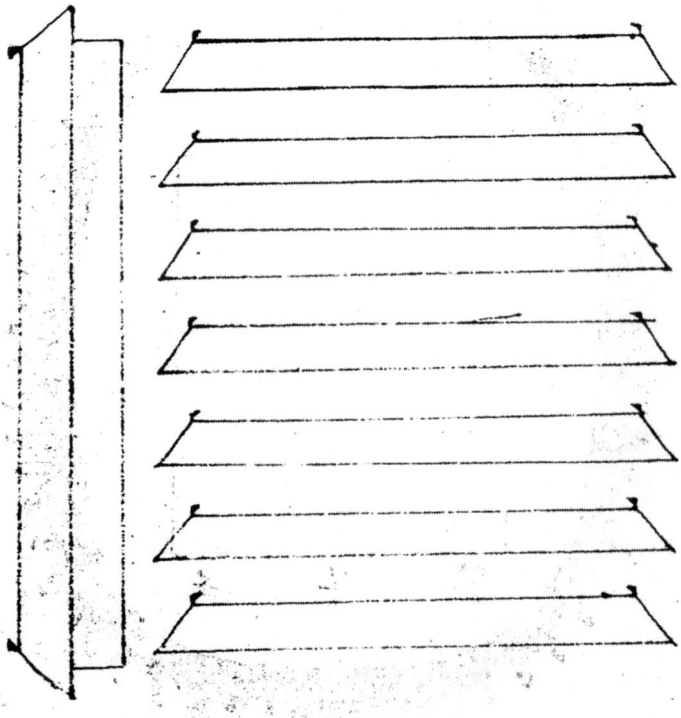

宅形正變法

四正八宅

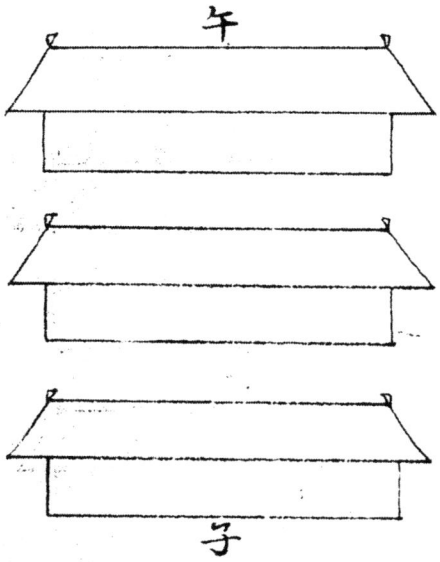


四隅八宅

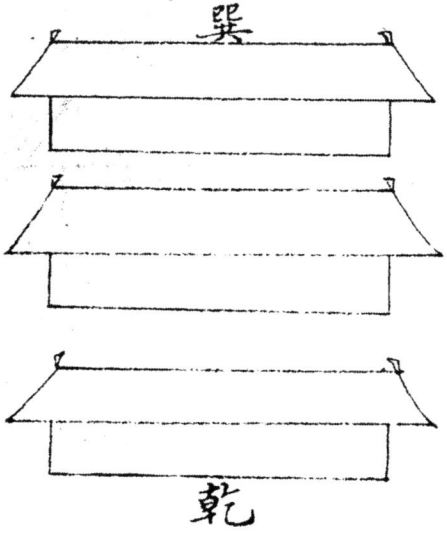

# 前後換氣宅

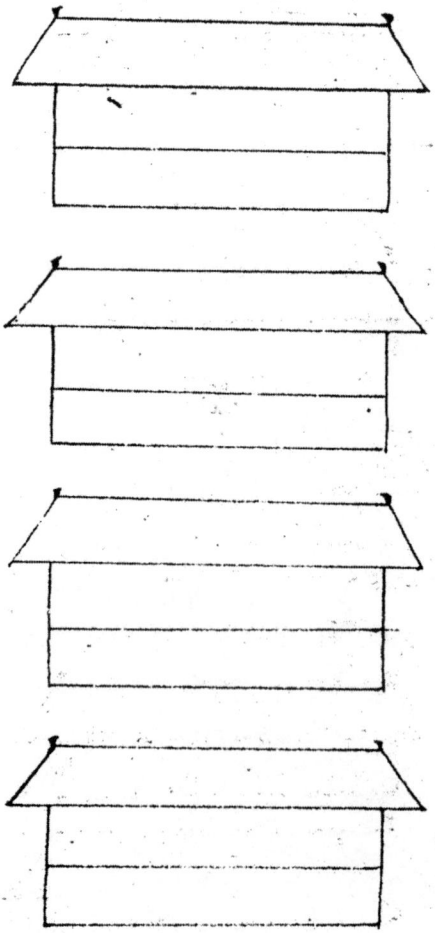

家秘本

## 引氣秘法

朝南之宅正門開。
此是離宮紫氣來。
宅深七赤元中旺。
扁淺中門未足胎。

午門

此宅六七進受離氣既長
門開中間直貫氣真下元
大發



藝照堂傳

此宅兩三進、有六七間開濶、宅形扁淺、是震兌之形、雖開離門、而內室在左兼坤氣。在右則兼巽氣。下元但可平穩、不能發福、

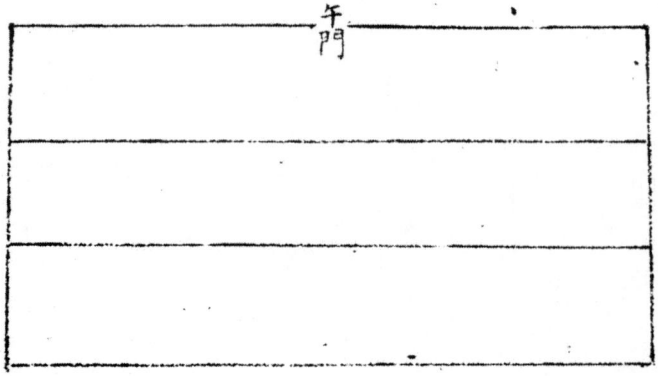

離門中道路重。
直引離風到寢宮。
此宅下元全旺氣。
更無瑕玷損春容。

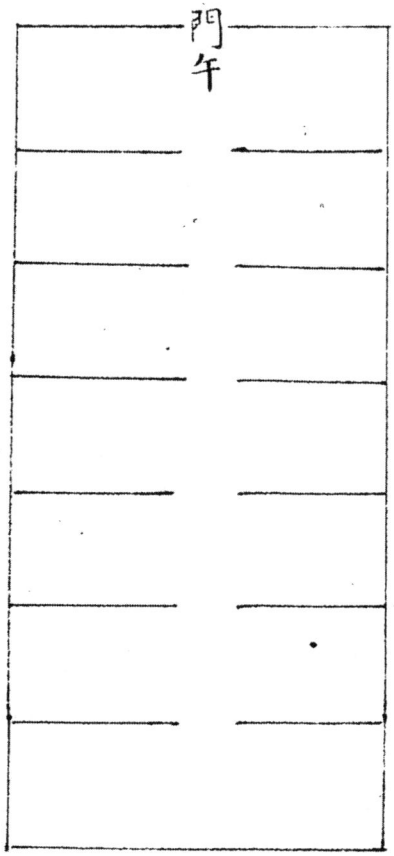

正門離上路偏東。
轉入深閨巽氣濃。
下元家道雖然旺。
閭内須防災禍重。

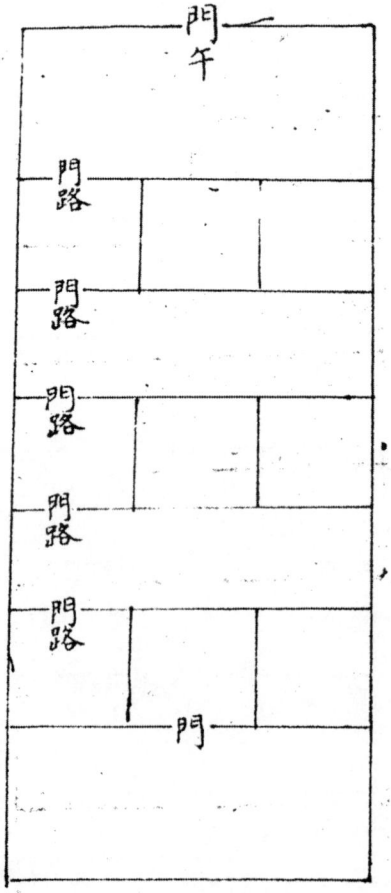

離門兩路夾東西。
並引離風兩不歇。
只要宅深收氣足。（八宅皆然）
下元此宅發無疑。

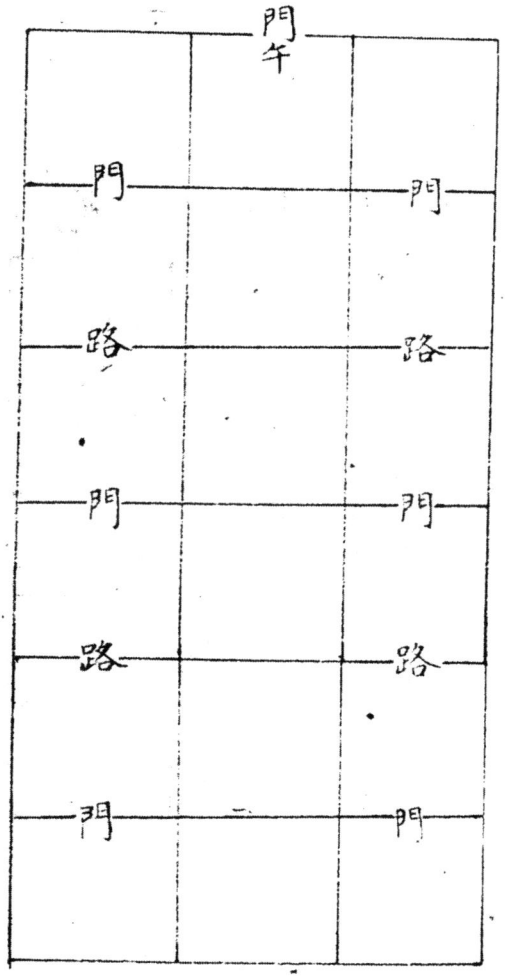

屋向西南宅艮坤。
門開左畔是離神。
只要宅方真紫氣。
若然深杳雜坤論。

| 離 | 坤 | 兌 |
| --- | --- | --- |
| 門離宮 | | |
| | | |
| | | |
| | | |
| | | |

兌　坤　離門

此雖離門。宅形直。長。畢竟坤氣深。故下元借離。只許平穩。終難發福。走左路猶可。走右路全非。

屋向東南宅巽乾。
門開右畔紫風鮮。
亦取宅方與七運。
如逢深遠綠絲牽。
此宅方是離門
下元大吉

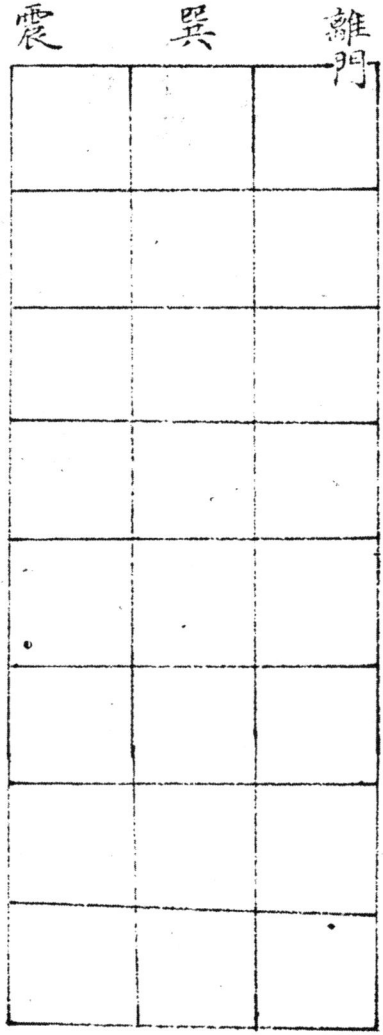


此宅深長。終帶巽氣。離門氣偏。下元不能大旺。走右路猶可。走左路全非。

前門坤位後門坎○
兩氣俱從一白轉○
上中鼎甲不須言○
行到下元留一半○

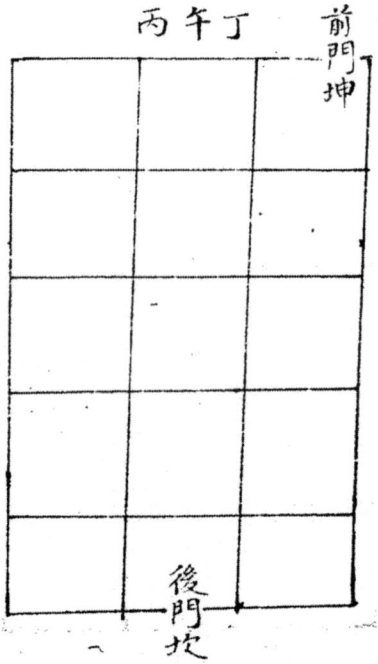

正門離九便門三○
此宅元〻失正垣○
只看分房親切處○
一枝花發一枝殘○

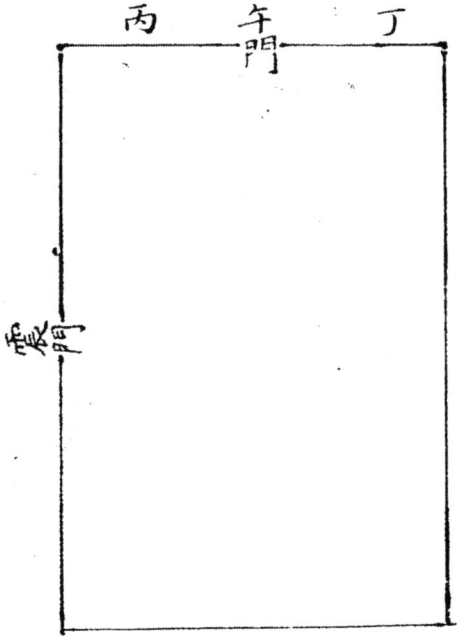

前門離位後門艮○
兩位俱從七赤進○
下元無救錦添花○
行到中元君莫問○

午門

前門午

一宅修長正向南○兩門南北對相穿○只看內房何處住○三元衰旺有多般○
房居前帶與中上○後帶為房利下元○此是移宮真秘法○兒孫見此莫輕言○

後門子

前門坤

四隅之宅艮坤長。前後通門兩口張。
亦取內房分旺替。移宮移氣不尋常。
下元端得坤方吉。中上深閨在艮良。

後門艮

七赤元中門在坤。
如何此宅少災迍。
只因間架東西濶。
元氣綿長仇變易。

東北分明門在艮。
如何下元終不應。
只緣此宅東西深。
門變甲方常守困。

丙　午　丁

朝南之宅兌門清。
如何下元亦不興。
只為內房都在後。
門兼坤氣不分明。

午

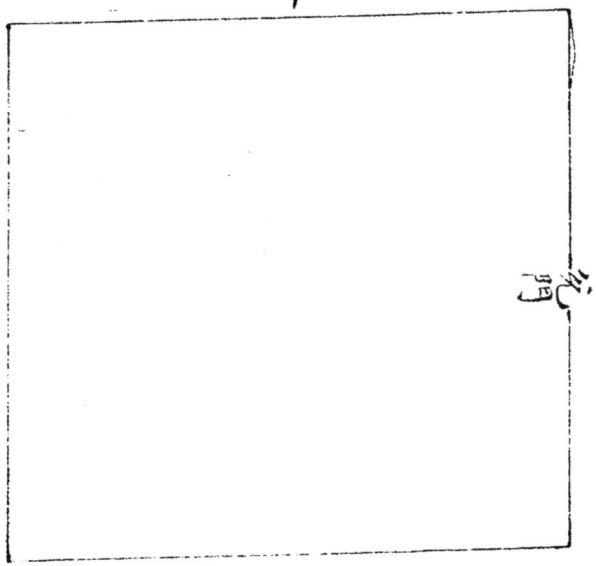

一樣兌門宅正方○
如何此宅比他強○
只為面西房在震○
兌風清潔必參商○

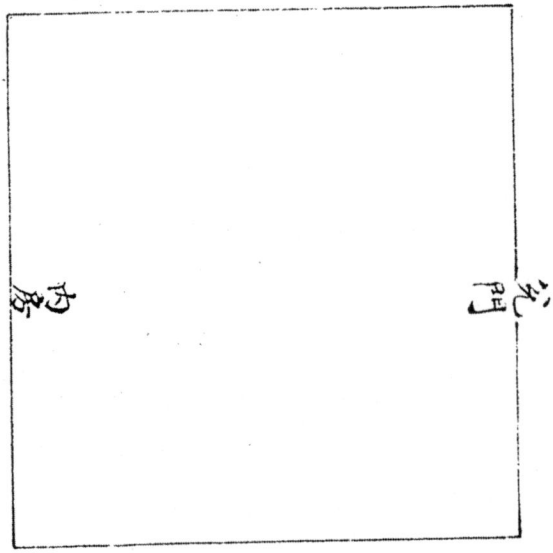

兌門之宅南北長。
漫說朝西七赤強。
必定內房偏左右。
乾坤夾帶恐周章。

此宅朝南門正西。
下元於此露精奇。
只因宅相東西闊。
內屋迢迢兌氣齊。

離宅修長開正門。下元居此有愁煩。
只為乾方拖一脚。變成巽氣起攀援。
內房居艮方含笑。若住乾方濕淚痕。

丙 午門 丁

下元吉
中元凶 房

中元吉
下元凶 房

兌門節〻宅形長。此宅
中元本不良。只為東南
伸一足。變成乾氣反安
康。內房居巽尤為吉。財
祿人丁事〻強。

房中元
吉

坤宅坤門七赤貧。
忽將房屋賣他人。
豈知竟變成離宅
昨日雪消今日春。
天公妙用常顛倒。
識得玄機好放心。

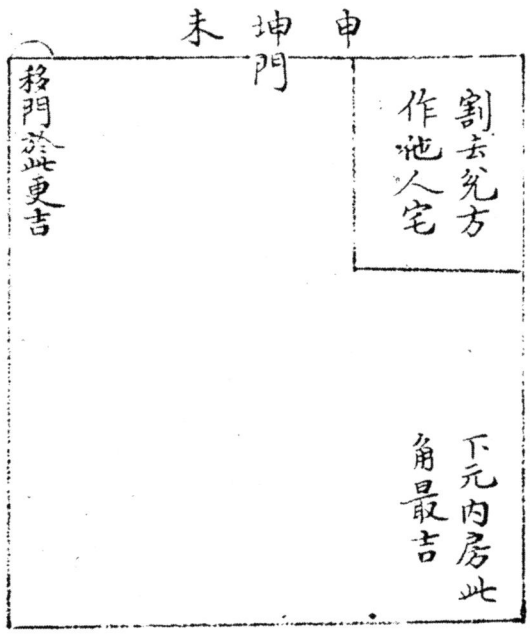

兌宅中元受苦貧。
難留屋角折為薪。
人言乾上凶風入。
豈料門闌喜氣新。
此訣時師誰會取。
教君問我謫仙人。

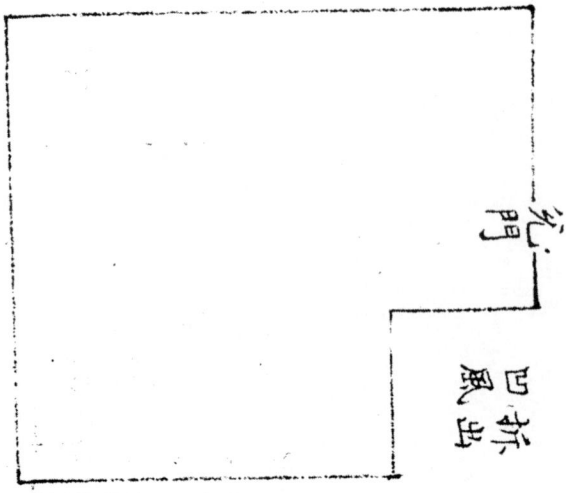

共宅同門各爨烟。一抹荆桂若
時鮮。只緣門路宮〻變。莫說青
囊理數偏。長房居中離氣正。下
元方得喜便〻。次房變坤一白發。
季房變巽發中元。八宮依此輪
衰旺。此訣分房永不傳。

丁　午　丙

門

宅門只把主人量○
僕妾兒孫各有房○
○○○○○○○○
一步一星隨地變
○○○○○○○○
門牕衢路要推詳
○○○○○○○○
天光落處落風色
○○○○○○○○
此事精微莫顯揚
一宅之中災福異○
管生管死在微茫○

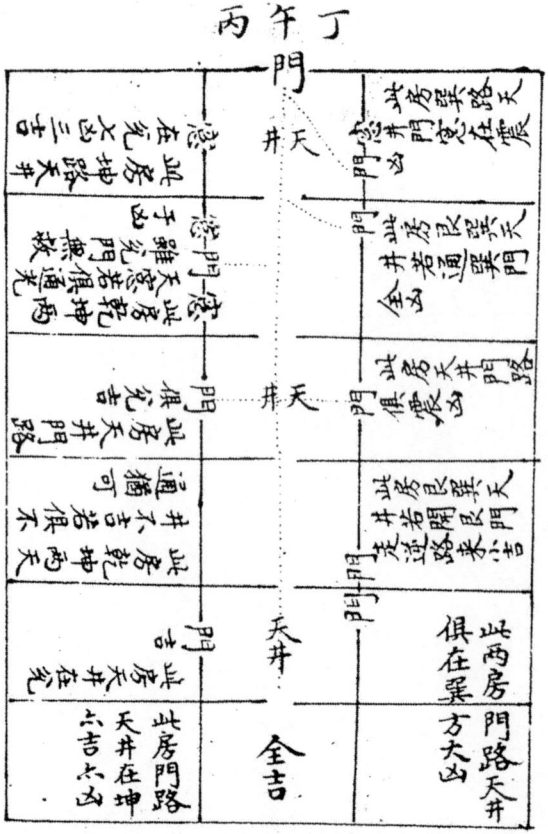

丙

巽　巳門向

此宅中元發福。若交下元。須開西南門路。房住東北角收離吉。

此房正受氣中元

此房兼離氣下元

壬山丙向門開丙○午
此是下元天瑞景○
宅內宜分左右房○丙
巽離若溷終難准○
巳

門

此宅若在中元大門宜移至
東南四綠宮內房西北角吉

此處兼巽氣下元作房不吉
中元吉

此處離氣真下元作房吉

# 補嶠壓修方新舊起造例

宅內高房名嶠星。
兜攔風氣下門庭。
若攀旺氣隆〻起。
熱氣來時一旦傾。
東南高拱納乾風。
此宅中元瑞氣濃。
一入下元多落魄。
錦衣公子去傭工。

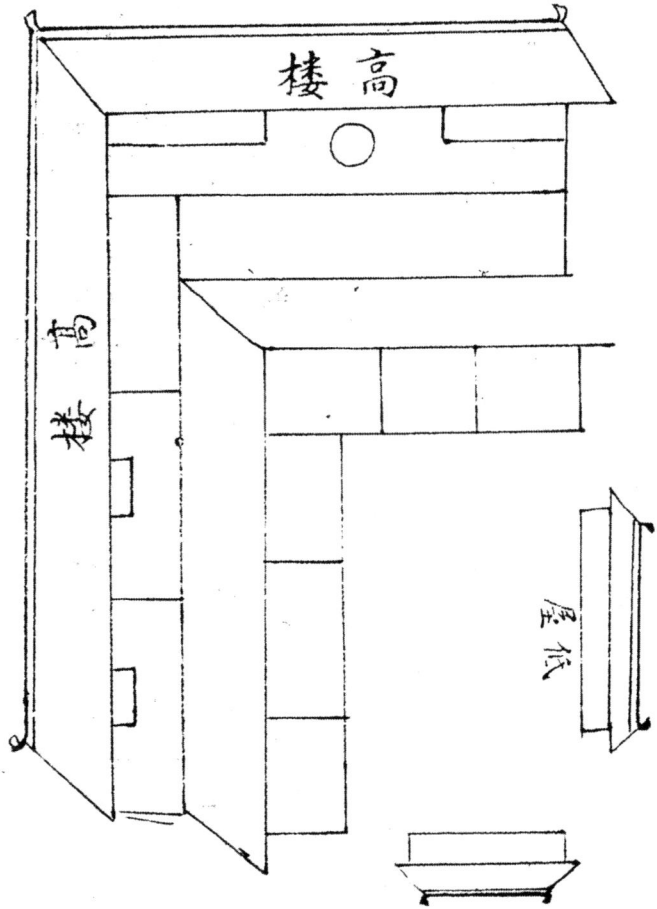

三面高樓插漢青。
只餘北面是低平。
坎風入宅元元旺。
造屋偏宜效此形。

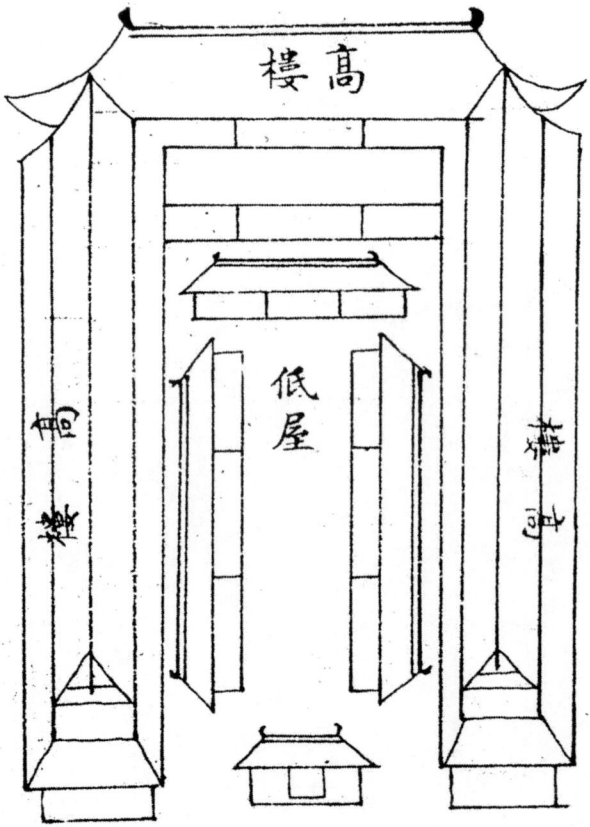

修方起造繫安危。本宅隣房一例推。動着旺方能驟發。衰方有礙甚堪悲。太歲殺方俱不論。三元局內看從違。假如巽上添新屋。中元隆起下元頹。幸得低平猶畧可。若然高大化為灰。

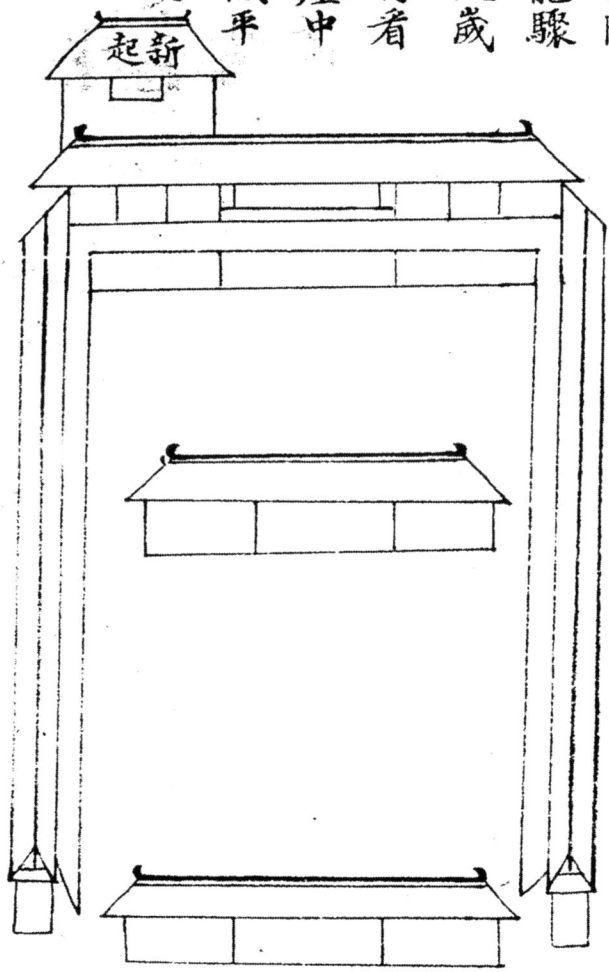

舊宅居西新宅東。
莫云高聳起青龍。
上中喜得添祥瑞。
七赤元中災咎逢。

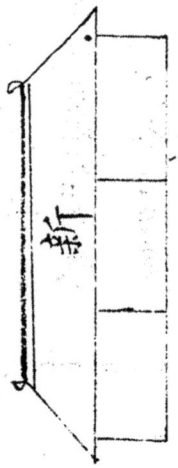

舊宅居東新宅西。莫言白虎定災危。
中元起建多虧失。七赤興工更有餘。

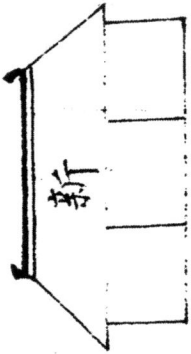

乾上他家起畫梁。
天門高起說禎祥。
誰知宅裡連〻泣。
七赤元中犯殺方。

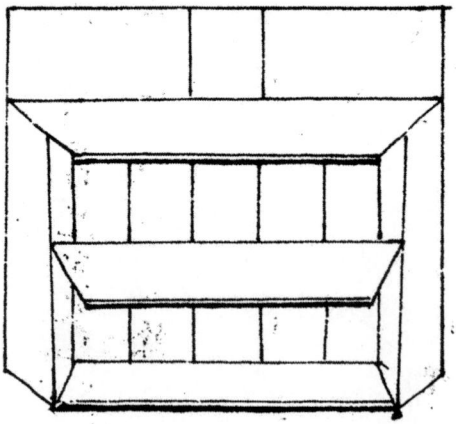

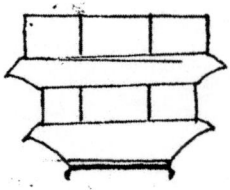

南方朱雀起高樓。
掩却陽光事可憂。
不意門前來報喜。
下元修着旺神頭。

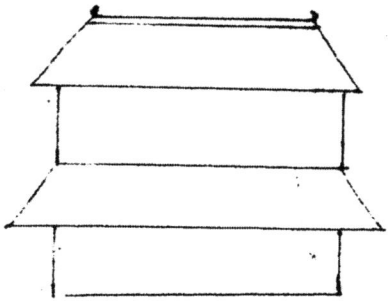

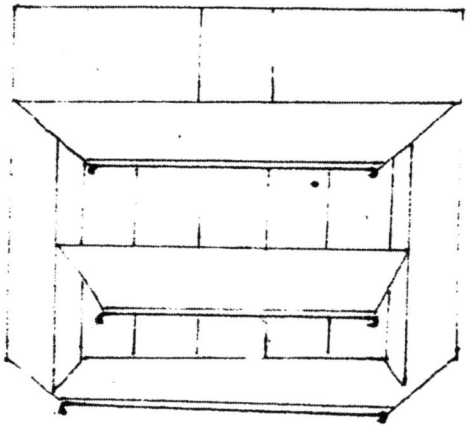

坤

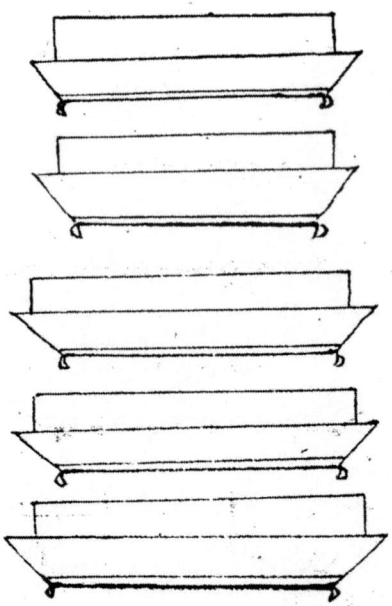

坤水門前旺下元。偶嫌屋舊整新椽。
飛災忽到平安宅。只為修坤殺氣纏。

上元坎氣正興隆。宅後高樓起數重。
此是本宮添一白。愈高愈發福無窮。

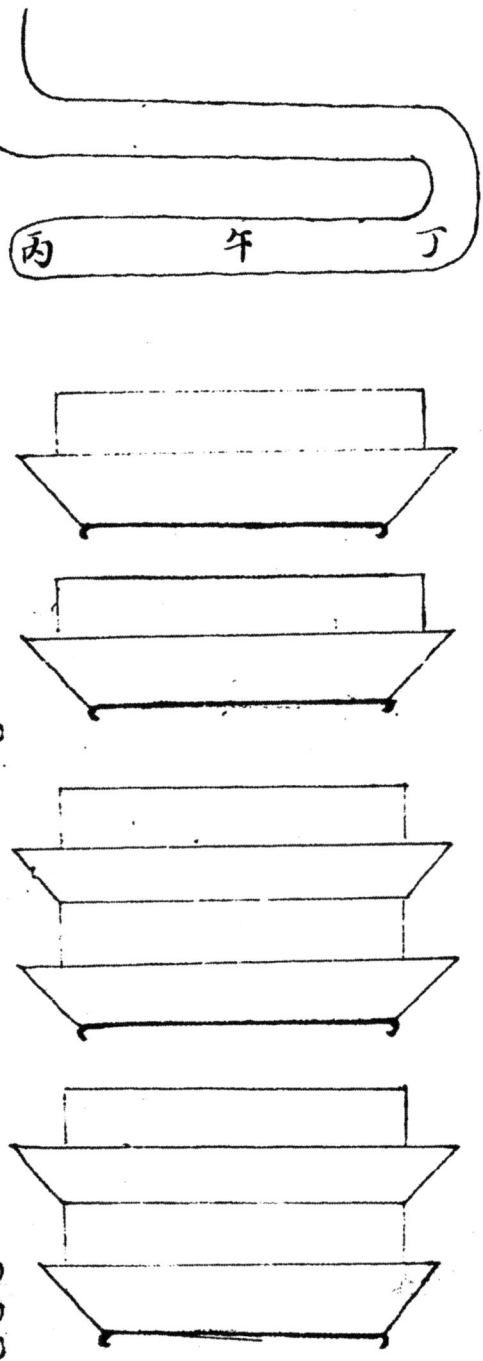


後覺子曰、上元坎位起造高樓。造時固是不礙。但我居前宅。而高樓為隣家所建。則坎氣為彼障斷。而非我之利。若係本家所建。則內室必在於後。門路紫氣綿長。亦非所利。必面前曲水源流浩蕩。內室雖退在後。猶能收得水氣。乃為全美。學者於此等處。必洞澈源流。乃能窮神

藝照堂傳

達化而無悞。若泥於一說而不知變通。則反致乖離正義。而失作者之真諦矣。

家秘本

楊公垂慈也相宅相墓氏
三阻滯葬法

郭家秘傳

蔣晦叔傳家秘寶

## 占筮類

| | | | | |
|---|---|---|---|---|
| 1 | 擲地金聲搜精秘訣 | 心一堂編 | 沈氏研易樓藏稀見易占秘鈔本 | |
| 2 | 卜易拆字秘傳百日通 | 心一堂編 | | |
| 3 | 易占陽宅六十四卦秘斷 | 心一堂編 | 火珠林占陽宅風水秘鈔本 | |

## 星命類

| | | | | |
|---|---|---|---|---|
| 4 | 斗數宣微 | 【民國】王裁珊 | 民初最重要斗數著述之一；未刪改本 | |
| 5 | 斗數觀測錄 | 【民國】王裁珊 | 失傳民初斗數重要著作 | |
| 6 | 《地星會源》《斗數綱要》合刊 | 心一堂編 | 失傳的第三種飛星斗數 | |
| 7 | 《斗數秘鈔》《紫微斗數之捷徑》合刊 | 心一堂編 | 珍稀「紫微斗數」舊鈔秘本 | |
| 8 | 斗數演例 | 心一堂編 | 斗數全書本來面目；有別於錯誤極多的坊本 | |
| 9 | 紫微斗數全書（清初刻原本） | 題【宋】陳希夷 | 無錯漏原版秘鈔密碼表　首次公開！ | |
| 10－12 | 鐵板神數（清刻足本）——附秘鈔密碼表 | 題【宋】邵雍 | 蠢子數連密碼表打破數百年秘傳　首次公開！ | |
| 13－15 | 蠢子數纏度 | 題【宋】邵雍 | 清鈔孤本附起例及完整密碼表 | |
| 16－19 | 皇極數 | 題【宋】邵雍 | 研究神數必讀！ | |
| 20－21 | 邵夫子先天神數 | 題【宋】邵雍 | 附手鈔密碼表研究神數必讀！ | |
| 22 | 八刻分經定數（密碼表） | 題【宋】邵雍 | 皇極數另一版本；附手鈔密碼表 | |
| 23 | 新命理探原 | 【民國】袁樹珊 | 子平命理必讀教科書！ | |
| 24－25 | 袁氏命譜 | 【民國】袁樹珊 | | |
| 26 | 韋氏命學講義 | 【民國】韋千里 | 民初二大命理家南袁北韋 | |
| 27 | 千里命稿 | 【民國】韋千里 | 北韋之命理經典 | |
| 28 | 精選命理約言 | 【民國】韋千里 | | |
| 29 | 滴天髓闡微——附李雨田命理初學捷徑 | 【民國】袁樹珊、李雨田 | 命理經典未刪改足本 | |
| 30 | 段氏白話命學綱要 | 【民國】段方 | 民初命理經典最淺白易懂 | |
| 31 | 命理用神精華 | 【民國】王心田 | 學命理者之寶鏡 | |

| | | | |
|---|---|---|---|
| 32 | 命學探驪集 | 【民國】張巢雲 | |
| 33 | 澹園命談 | 【民國】高澹園 | 發前人所未發 |
| 34 | 算命一讀通——鴻福齊天 | 【民國】不空居士、覺先居士合纂 | 稀見民初子平命理著作 |
| 35 | 子平玄理 | 【民國】施惕君 | |
| 36 | 星命風水秘傳百日通 | 心一堂編 | |
| 37 | 命理大四字金前定 | 題【晉】鬼谷子王詡 | 源自元代算命術 |
| 38 | 命理斷語義理源深 | 心一堂編 | 稀見清代批命斷語及活套 |
| 39－40 | 文武星案 | 【明】陸位 | 失傳四百年《張果星宗》姊妹篇　千多星盤命例　研究命學必備 |
| **相術類** | | | |
| 41 | 新相人學講義 | 【民國】楊叔和 | 失傳民初白話文相術書 |
| 42 | 手相學淺說 | 【民國】黃龍 | 民初中西結合手相學經典 |
| 43 | 大清相法 | 心一堂編 | |
| 44 | 相法易知 | 心一堂編 | 重現失傳經典相書 |
| 45 | 相法秘傳百日通 | 心一堂編 | |
| **堪輿類** | | | |
| 46 | 靈城精義箋 | 【清】沈竹礽 | 沈氏玄空遺珍　玄空風水必讀 |
| 47 | 地理辨正抉要 | 【清】沈竹礽 | |
| 48 | 《玄空古義四種通釋》《地理疑義答問》合刊 | 沈瓞民 | |
| 49 | 《沈氏玄空吹虀室雜存》《玄空捷訣》合刊 | 【民國】申聽禪 | |
| 50 | 漢鏡齋堪輿小識 | 【民國】查國珍、沈瓞民 | |
| 51 | 堪輿一覽 | 【清】孫竹田 | 失傳已久的無常派玄空經典 |
| 52 | 章仲山挨星秘訣（修定版） | 【清】章仲山 | 章仲山無常派玄空珍秘 |
| 53 | 臨穴指南 | 【清】章仲山 | 門內秘本首次公開 |
| 54 | 章仲山宅案附無常派玄空秘要 | 心一堂編 | 沈竹礽等大師尋覓一生未得之珍本！ |
| 55 | 地理辨正補 | 【清】朱小鶴 | 玄空六派蘇州派代表作 |
| 56 | 陽宅覺元氏新書 | 【清】元祝垚 | 簡易・有效・神驗之玄空陽宅法 |
| 57 | 地學鐵骨秘　附　吳師青藏命理大易數 | 【民國】吳師青 | 釋玄空廣東派地學之秘 |
| 58－61 | 四秘全書十二種（清刻原本） | 【清】尹一勺 | 玄空湘楚派經典本來面目　有別於錯誤極多的坊本 |

| | | | |
|---|---|---|---|
| 62 | 地理辨正補註　附　元空秘旨　天元五歌　玄空精髓　心法秘訣等數種合刊 | 【民國】胡仲言 | 貫通易理、巒頭、三元、三合、天星、中醫 |
| 63 | 地理辨正自解 | 【清】李思白 | 公開玄空家「分率尺、工部尺、量天尺」之秘 |
| 64 | 許氏地理辨正釋義 | 【民國】許錦灝 | 民國易學名家黃元炳力薦 |
| 65 | 地理辨正天玉經內傳要訣圖解 | 【清】程懷榮 | 秘訣一語道破，圖文并茂 |
| 66 | 謝氏地理書 | 【民國】謝復 | 玄空體用兼備、深入淺出 |
| 67 | 論山水元運易理斷驗、三元氣運說附紫白訣等五種合刊 | 【宋】吳景鸞等 | 失傳古本《玄空秘旨》《紫白訣》 |
| 68 | 星卦奧義圖訣 | 【清】施安仁 | |
| 69 | 三元地學秘傳 | 【清】何文源 | |
| 70 | 三元玄空挨星四十八局圖說 | 心一堂編 | 三元玄空門內秘笈　清鈔孤本 |
| 71 | 三元挨星秘訣仙傳 | 心一堂編 | 過去均為必須守秘不能公開秘密 |
| 72 | 三元地理正傳 | 心一堂編 | |
| 73 | 三元天心正運 | 心一堂編 | 與今天流行飛星法不同 |
| 74 | 元空紫白陽宅秘旨 | 心一堂編 | |
| 75 | 玄空挨星秘圖　附　堪輿指迷 | 心一堂編 | |
| 76 | 姚氏地理辨正圖說　附　地理九星并挨星真訣全圖　秘傳河圖精義等數種合刊 | 【清】姚文田等 | |
| 77 | 元空法鑑批點本——附　法鑑口授訣要、秘傳玄空三鑑奧義匯鈔　合刊 | 【清】曾懷玉等 | 蓮池心法　玄空六法門內秘鈔本首次公開 |
| 78 | 元空法鑑心法 | 【清】曾懷玉等 | |
| 79 | 曾懷玉增批蔣徒傳天玉經補註【新修訂版原（彩）色本】 | 【清】項木林、曾懷玉 | |
| 80 | 地理學新義 | 【民國】俞仁宇撰 | |
| 81 | 地理辨正揭隱（足本）　附連城派秘鈔口訣 | 【民國】王邈達 | 揭開連城派風水之秘 |
| 82 | 趙連城傳地理秘訣附雪庵和尚字字金 | 【明】趙連城 | |
| 83 | 趙連城秘傳楊公地理真訣 | 【明】趙連城 | 巒頭風水，內容簡核、深入淺出 |
| 84 | 地理法門全書 | 仗溪子、芝罘子 | 巒頭形勢、「望氣」「鑑神」 |
| 85 | 地理方外別傳 | 【清】熙齋上人 | |
| 86 | 地理輯要 | 【清】余鵬 | 集地理經典之精要 |
| 87 | 地理秘珍 | 【清】錫九氏 | 巒頭、三合天星，圖文並茂 |
| 88 | 《羅經舉要》附《附三合天機秘訣》 | 【清】賈長吉 | 清鈔孤本羅經、三合訣法圖解 |
| 89－90 | 嚴陵張九儀增釋地理琢玉斧巒 | 【清】張九儀 | 清初三合風水名家張九儀經典清刻原本！ |

| | | | |
|---|---|---|---|
| 91 | 地學形勢摘要 | 心一堂編 | 形家秘鈔珍本 |
| 92 | 《平洋地理入門》《巒頭圖解》合刊 | 【清】盧崇台 | 平洋水法、形家秘本 |
| 93 | 《鑒水極玄經》《秘授水法》合刊 | 【唐】司馬頭陀、【清】鮑湘襟 | 千古之秘，不可妄傳<br>匪人 |
| 94 | 平洋地理闡秘 | 心一堂編 | 雲間三元平洋形法秘鈔<br>珍本 |
| 95 | 地經圖說 | 【清】余九皋 | 形勢理氣、精繪圖文 |
| 96 | 司馬頭陀地鉗 | 【唐】司馬頭陀 | 流傳極稀《地鉗》 |
| 97 | 欽天監地理醒世切要辨論 | 【清】欽天監 | 公開清代皇室御用風水<br>真本 |
| **三式類** | | | |
| 98－99 | 大六壬尋源二種 | 【清】張純照 | 六壬入門、占課指南 |
| 100 | 六壬教科六壬鑰 | 【民國】蔣問天 | 由淺入深，首尾悉備 |
| 101 | 壬課總訣 | 心一堂編 | |
| 102 | 六壬秘斷 | 心一堂編 | 過去術家不外傳的珍稀 |
| 103 | 大六壬類闡 | 心一堂編 | 六壬術秘鈔本 |
| 104 | 六壬秘笈——韋千里占卜講義 | 【民國】韋千里 | 六壬入門必備 |
| 105 | 壬學述古 | 【民國】曹仁麟 | 依法占之，「無不神<br>驗」 |
| 106 | 奇門揭要 | 心一堂編 | 集「法奇門」、「術奇<br>門」精要 |
| 107 | 奇門行軍要略 | 【清】劉文瀾 | 條理清晰、簡明易用 |
| 108 | 奇門大宗直旨 | 劉毗 | 天下孤本　首次公開 |
| 109 | 奇門三奇干支神應 | 馮繼明 | 虛白廬藏本《秘藏遁甲<br>天機》 |
| 110 | 奇門仙機 | 題【漢】張子房 | 奇門不傳之秘　應驗如<br>神 |
| 111 | 奇門心法秘纂 | 題【漢】韓信（淮陰侯） | |
| 112 | 奇門廬中闡秘 | 題【三國】諸葛武侯註 | |
| **選擇類** | | | |
| 113－114 | 儀度六壬選日要訣 | 【清】張九儀 | 清初三合風水名家張九<br>儀擇日秘傳 |
| 115 | 天元選擇辨正 | 【清】一園主人 | 釋蔣大鴻天元選擇法 |
| **其他類** | | | |
| 116 | 述卜筮星相學 | 【民國】袁樹珊 | 民初二大命理家南袁北<br>韋 |
| 117－120 | 中國歷代卜人傳 | 【民國】袁樹珊 | 南袁之術數經典 |